Chinese Economists 50 Forum
中国经济 50 人论坛丛书

走进中国经济 50 人论坛
握手中国最有影响力的群体经济学家

U0535324

中国经济50人论坛丛书
Chinese Economists 50 Forum

全面深化改革与中国经济新发展

白重恩 蔡 昉 樊 纲 江小涓
隆国强 杨伟民 易 纲 主编

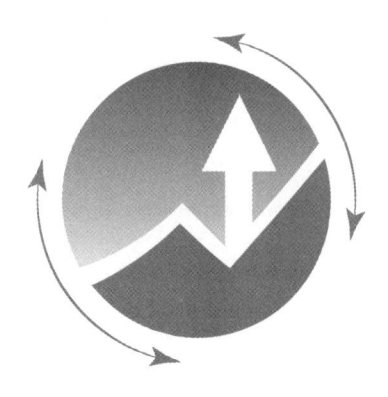

中信出版集团 | 北京

图书在版编目（CIP）数据

全面深化改革与中国经济新发展 / 白重恩等主编 .
北京 : 中信出版社，2025.3. -- ISBN 978-7-5217
-7406-1
Ⅰ . F124
中国国家版本馆 CIP 数据核字第 2025S4W154 号

全面深化改革与中国经济新发展

编者： 白重恩 蔡 昉 樊 纲 江小涓 隆国强 杨伟民 易 纲
出版发行：中信出版集团股份有限公司
（北京市朝阳区东三环北路 27 号嘉铭中心 邮编 100020）
承印者： 嘉业印刷（天津）有限公司

开本：787mm×1092mm 1/16　　印张：18.75　　字数：208 千字
版次：2025 年 3 月第 1 版　　印次：2025 年 3 月第 1 次印刷
书号：ISBN 978–7–5217–7406–1
定价：79.00 元

版权所有·侵权必究
如有印刷、装订问题，本公司负责调换。
服务热线：400–600–8099
投稿邮箱：author@citicpub.com

编委会名单

编委会成员（以姓名拼音字母为序）：

白重恩 蔡昉 樊纲 江小涓

隆国强 杨伟民 易纲

编辑工作人员：

徐剑 朱莉 杨春

目 录

第一章　宏观经济理论与宏观经济政策
- 一、宏观经济学的起源　　004
- 二、需求决定论　　009

第二章　如何"看见"宏观经济风险
- 一、重新认识风险　　025
- 二、风险社会中的"风险经济"　　030
- 三、政府在风险社会中的角色　　033
- 四、出清风险与稳定预期　　038

第三章　中国特色的宏观经济政策框架
- 一、宏观经济政策的形成与演变　　046
- 二、中国宏观经济政策框架的几个特点　　052
- 三、当前宏观经济政策的新挑战　　056
- 四、改进我国的宏观经济政策框架　　063

第四章　新质生产力：思想、理论与战略
- 一、准确理解新质生产力的内涵　　072
- 二、深入把握推动新质生产力发展的战略举措　　076

三、新质生产力理论提出的时代背景　　086
　　四、新质生产力的理论体系及其理论价值　　096
　　五、新质生产力的战略设计　　100

第五章　健全以新质生产力推进高质量发展的体制机制
　　一、如何理解新质生产力的深刻内涵　　106
　　二、从全要素生产率看发展新质生产力的意义　　112
　　三、作为新质生产力载体的现代化产业体系　　116
　　四、健全发展新质生产力的体制机制　　120

第六章　中国金融改革和发展的新阶段
　　一、中国金融进入高质量发展新阶段　　137
　　二、做好中国金融发展的"五篇大文章"　　147
　　三、金融强国的共同要素：在中美比较中的分析　　158

第七章　谋划新一轮财税改革
　　一、回顾1994年至今的税制改革历程　　165
　　二、新一轮财税改革的一些问题和建议　　172

第八章　乡村振兴和城乡融合
　　一、站在时代和全局的高度深刻领会实施乡村振兴战略的重大意义　　179
　　二、巩固和完善农村基本经营制度　　189
　　三、城镇化、农业转移人口市民化和城乡融合发展　　198

第九章　数字时代的公共治理：赋能和挑战
　　一、政府公共治理的主要职责和内容　　206
　　二、数字技术为政府公共治理赋能　　208

三、数字时代政府公共治理面临的挑战　215

四、数字时代公共治理的新要求：几个原则　222

第十章　创新发展之路：中国的实践与未来

一、科技在经济发展中的作用　227

二、创新与发展的关系　233

三、教育和人才在创新发展中的作用　239

四、自主创新与开放创新　240

五、科技创新中政府的作用　241

第十一章　进一步全面深化改革，推动经济质的有效提升和量的合理增长

一、立足新发展阶段，把握历史性的机遇和挑战　245

二、贯彻新发展理念，推动经济高质量发展　253

三、构建新发展格局，加快形成现代化经济体系　261

第十二章　中国经济：挑战与出路

一、经济发展面临的主要挑战　269

二、全面客观冷静地看待当前经济形势　272

三、经济结构调整的基本趋势　275

四、深化改革，理顺重大关系，防范化解风险　278

五、我国经济发展具有四大显著优势　281

附录 1 / 283

附录 2 / 284

附录 3 / 287

中国经济 50 人论坛丛书
Chinese Economists 50 Forum

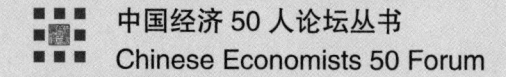

第一章　宏观经济理论与宏观经济政策[①]

樊纲[②]

[①] 本文根据 2024 年 9 月 26 日长安讲坛第 416 期内容整理而成。
[②] 樊纲，中国经济 50 人论坛学术委员会成员、中国经济体制改革研究会副会长、国民经济研究所所长、中国（深圳）综合开发研究院院长。

宏观经济学是大家很熟悉的学科，但也容易造成误解，甚至引发各种一知半解的说法。研究经济学是为了解决现实问题，今天借这个机会，我们对部分相关问题进行一些梳理。

从图 1-1 中国改革开放以来的宏观经济表现来看，通货膨胀在 20 世纪 90 年代中期之后基本没有出现，GDP 增长率出现一次大的凹沟和两次高点（20 世纪 90 年代初以及 2006—2007 年，增长率在 14% 左右）；2008 年以后，GDP 增长率逐步下滑；2020 年初，新冠疫情对 GDP 增长率造成很大的扰动。2024 年第一季度 GDP 同比增长率是 5.3%，第二季度是 4.7%，第三季度更不乐观。[①] 在这个背景下，我们从宏观经济学理论的角度对经济形势现状和面临的挑战进行分析。

---

① 根据 2025 年 1 月 18 日国家统计局发布的初步核算结果，2024 年第三季度 GDP 同比增长率是 4.6%，第四季度是 5.4%。——编者注

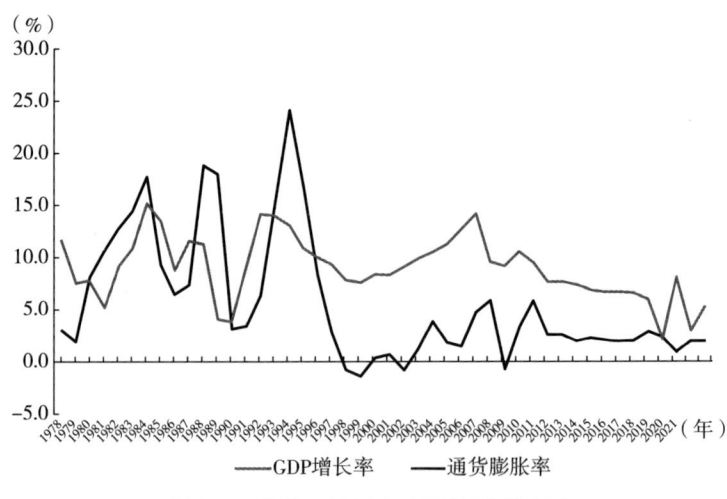

图 1-1　1978—2021 年中国宏观经济表现

一、宏观经济学的起源

任何理论都起源于现实生活，现实问题引发人们的思考并逐步形成理论。宏观经济学在这一点上尤为突出，它起源于经济现实中出现的各种问题，比如经济周期、经济危机、大萧条等。

自有资本主义市场经济开始，人类社会每过一段时间就会出现一次经济危机，周而复始。市场经济创造出大量的生产力，但是过一段时间，这个生产力就会受到破坏，出现产能过剩，引发供求失衡，造成失业和贫困，而失业和贫困背后是企业破产、倒闭。一切经济危机最后都是生产能力过剩的危机，既然出现过剩，就要消灭一些生产能力，例如我们从历史书籍上和电影资料中看到的"砸机器、倒牛奶"的场景。

为什么个人的理性行为，会导致整个市场（即宏观经济）供求失衡？为什么会出现大量产能过剩？为什么那么好的生产力却闲置不用，同时那么多人失业？如何解释一次又一次的经济周期和经济危机？早期的经济学家试图对这些问题进行解释和分析，提出了一些理论和解决这些问题的政策建议。

（一）马克思的理论

在大萧条之前，最重要的解释经济周期、经济危机的理论，是马克思的"剩余价值论"。马克思被公认为世界上最伟大的经济学家之一，根据他的"剩余价值论"，企业家、资本家为了追求剩余价值（利润）而扩大再生产，在此过程中，由于技术的进步，投资不断扩大，资本不断积累，供给能力不断扩大，资本的有机构成提高（资本的比例越来越大，劳动的比例相对越来越小）。与此同时，工资的增长速度低于资本和利润的增长速度，劳动者收入在总价值中所占的比重不断下降，从而使需求的增长受到抑制，低于供给的增长速度。供给的迅速扩张和需求的有限增长导致供求不平衡，造成产能过剩，形成周而复始的经济危机。很多经济学家（包括凯恩斯）对马克思的解释并不否认。

马克思设想的"终极解决方案"是消灭私有制的资本主义，实行公有制计划经济。既然危机是由资本家追求利润的动机引起的，那么很自然形成的逻辑推理，就是消灭这个"万恶之源"。这个设想被苏联和一些社会主义国家付诸实践。苏联实行了计划经济，70年内除了战争时期，没有出现过大的经济波动，在西方大萧条时期，苏联保持基本稳定的发展，但其问题在于微观效率低下。微观效率有两种。一是生产效率，即节约成本、精打细算，不断创造新产品。如果缺乏激励，就会浪费资源，导致劳动者出工不出力，没有创新动力，缺乏生产效率。二是配置效率，即生产要素在不同商品上进行配置，产生人们最想要的产品组合。如果需要的东西没人生产，生产的东西没人要，配置效率就会不断恶化。宏观增长率看似平稳，但因缺乏微观效率，最后平稳地下降到负增长。公有制计划经济的发展模式，在实践中被证明是有问题的，最后各国进行了改革，中国也转型到市场经济。马克思提出的治理经济周期的方案，宏观上可能有一定效率（平衡增长，减少危机所产生的资源浪费），但是微观上缺乏效率，总的来讲是不成功的。

从18世纪末到19世纪，随着工业革命和市场经济的发展，各种理论也在发展。在1930年之前，最值得我们记住的还是马克思的理论，其重要核心是对资本主义经济矛盾的分析。

（二）大萧条的史实

20世纪20年代西方经济高度繁荣，进入所谓"黄金时代"，导致大量投资，股市疯狂，经济过热。1929年股市崩盘，引发大危机。与2008年金融危机之后的情形一样，当时华尔街的精英也开始向政府求助。总统胡佛表示无法救市，有以下原因。第一，如果说市场万能，那么为什么市场不能自我调节？第二，政府当时也没有手段进行干预。那时没有宏观经济理论，也没有宏观调控机制，美联储只有互相救济机制，没有被国会授权进行宏观调控。于是，市场开始螺旋式下跌。更恶劣的是，由于经济不景气，东西卖不出去，各国开始限制进口，平均关税从20%提高到超过50%，由此导致国际贸易总额从1929年的3 000亿美元下降到1933年的900多亿美元，萎缩接近2/3。美国的失业率达到40%，其他国家的失业率更高。在1929—1939年的10年里，世界GDP下降50%。由于失业、贫困、饥饿，各国极端思潮纷纷涌现，滋生纳粹主义，这成为引发第二次世界大战的重要原因。二战之后，时隔25年，直到1954年，全球经济才恢复到1929年的水平。我们谈论日本"失去的30年"，实际上在大萧条前后，西方也曾经"失去"25年。

正是在大萧条的腥风血雨中，1936年凯恩斯出版了《就业、利息与货币通论》一书，这标志着现代宏观经济学的诞生，奠定了现代宏观经济学的理论框架和基本方法。

1933年，罗斯福就任美国总统；1934年，他开始推行"罗斯福新政"，实行宏观调整政策，扩大内需。"罗斯福新政"的核心是三个"R"，也被称为"3R新政"，即"Relief"（救济）、"Recovery"（复兴）和"Reform"（改革）。1933年，美国国会通过了《格拉斯－斯蒂格尔法案》，建立了金融监管体制。这个监管体制于1999年在格林斯潘任美联储主席时被废止，9年后的2008年，金融危机爆发。

（三）凯恩斯的理论

在大萧条的背景下，凯恩斯的理论想要解决的是千百万人的生计问题。其基本逻辑是，企业家具有"动物精神"（非理性预期），供给能力的盲目扩大导致经济过热，进入一定时期的"繁荣期"；

这种市场泡沫最终会"崩盘",引发产能过剩危机;这时需要政府采取宏观经济政策,即财政政策和货币政策,对经济进行调整,保持供求平衡,熨平波动。

这里的基本观点是,原始状态的市场是有缺陷的,但不需要消灭市场经济的所有制结构和供求决定价格的市场定价机制,而是要在市场经济的基础上增加政府(或公共机构)职能,进行宏观经济调节,以应对市场机制本身可能产生的"失灵"。

(四)"原始市场经济"与现代市场经济

很多人批判凯恩斯,认为他提出消灭市场经济,搞国家计划经济,其实在凯恩斯的理论中,市场经济的基本制度要素仍然被保留,也就是在法治基础上界定私有产权与供求决定的价格体系。在市场经济的发展过程中,不断出现问题(市场失灵,其实是"市场出错")。从19世纪中后期开始,人们对市场经济进行了一系列调整,主要是在原始市场经济的基础上加了一些"补丁",让政府在其中履行一些公共职能,克服市场经济的缺陷。典型的做法包括:

第一,社会保障。19世纪末,德意志宰相俾斯麦创建了社会保障制度,因为发展市场经济必须建立社会保障体制,否则收入差距越来越大,不但是不人道的,而且最终会导致整个社会体系崩溃。

第二,行业监管。行业监管的职能可以由政府履行,也可以由一个公共机构履行,总之要提供这样一种公共品。多年前我国牛奶行业出现严重问题，大家提出牛奶生产过程缺乏监管，认为瑞士在这方面的监管很有效，可以定位到每一头奶牛。其实瑞士也是因为曾经出现大量"毒"奶，才逐步建立监管体系，都是问题导向的。行业监管是公共品，具有外部性，需要由政府或公共机构提供。

第三，不断完善法律法规，对一切涉及"负外部性"的场景（比如环境污染）制定规则，对人们的行为进行制度约束。

第四，宏观调控。在大萧条的腥风血雨中，政府开始采取各种措施，履行宏观调控的职能。

这就是宏观经济学和宏观政策的起源，它们是在一系列重大问题的背景下产生的。宏观经济学之所以重要，就是解释了经济危机的成因，提出了解决问题的方法。宏观经济体系基本建立之后，一定会有各种争论，但这些争论都基于同一个理论体系，基本模式和变量一样，大家通过不同的变量来论证不同的方法。中国的宏观经济学有一些独特之处，需要进行一些独特的研究，但也是在这个大的框架中进行的。

二、需求决定论

宏观经济管理体系形成之后，其主要内容和容易产生误解的问题有哪些？首先就是总供给和总需求的关系。一般的经济学都讲供给和需求，追求供求平衡，减少经济波动。在这个问题上，总供给和总需求两个方面都存在导致失衡的原因。

宏观经济学形成的背景是产能过剩和需求不足，通常西方经济学讨论的主要问题是需求，虽然通过研究可以得到由生产要素结构所决定的供给潜在增长率，但在现实中，供给的增长取决于需求的大小，因此就有了需求决定论。生产能力是有潜力的，比如通常的生产能力只有80%，如果需求增加的话，可以加班加点使生产能力超过100%，这是有弹性的，弹性的大小取决于需求侧。当然，供给侧也有很多因素，但在宏观经济学框架里，首先要理解的是需求决定论。这个问题值得深入思考，过去十几年我们强调供给侧结构性改革，没有高度重视需求侧的改革，现在看到的问题是需求严重不足。对于供给侧和需求侧，我们都要认真分析。

供给侧通常指我们有多大的供给能力，也就是潜在的供给增长率，这是经济增长理论和发展经济学研究的问题。决定增长的因素包括人力资本、科技进步、体制改革、资本积累等，这些是最基础的要素，非常重要。但在宏观经济学范畴里，这些是长期问题。教育不是一朝一夕的事情，国企改革搞了三四十年还没完成，科技创新更是长期才能见效。因此，供给侧是一个基本的（fundamental）问题，也是一个长期的问题。要解决现在的供求不平衡，不可能在供给侧马上调整。对于这些长期问题，我们要不断努力、时刻努力。坚持供给侧结构性改革是一个长期问题，要时时讲、天天讲、月月讲、年年讲，这样才能不断推动、持续增长。但就短期而言，我们不可能靠供给侧对供求关系进行调节。

供给侧也有短期问题，比如清除产能过剩（"砸机器、倒牛奶"等），以此来适应需求，2014—2015年我们清理了一部分产能，使得供求相对平衡。再比如就业政策，通过一些短期手段（调节当前劳动力的供给等）进行调整。还有税收，减税或加税会有一定的短期影响。在宏观经济供求失衡的情况下，供给侧也能做一些短期调整，但基本上是长期问题。

从需求侧来看，发多少货币，人们消费多少、投资多少，在一定时期有多少需求，可以通过一些短期政策让需求适应供给，或者让需求的变化来拉动供给。因此，这基本属于"宏观经济政策"的问题，相比较而言是短期问题。比如货币政策，今天宣布调整利率，第二天货币量就会发生变化，人们在投资的时候会参照利率和资金成本进行调整。再比如财政政策，今天宣布增发国债用于基础设施建设或者政府增加购买，明天就能够实现。经济的波动（过热、危机、萧条等），主要是由需求侧决定的。通过加息来治理通货膨胀，当时就能够在市场上发挥作用。为了抑制经济波动，可以减少货币发行和政府支出等，通过这些短期调整的办法来减少需求。

需求侧的长期问题主要是收入分配（包括遗产税）、社会保障和房地产税等制度，特别是社会保障制度。很多宏观经济学的研究者最后转向社会保障问题，因为他们发现人们当下的消费和储蓄取决于对未来的预期，只有未来有保障，人们才能多消费，这是长期问题。这种体制改革是一种短期操作，但它影响的是长期利益，个人的决策和理性行为可能对整个宏观经济产生影响。当年经济学界有一个讨论较多的话题，叫作"节俭悖论"。节俭是个人美德，但是如果每个人都少花钱，就会造成需求不足，带来一系列问题。社保制度提高了人们对于未来收入的预期，因此可以影响现在的支出结构，人们现在可能会花更多的钱增加消费需求。

经济学家要认真研究人们的行为，不是想让大家怎么做大家就怎么做，每个人都会权衡自己的利害得失，对自己的收入和支出做出安排。要改变这个安排，不能靠号召或刺激人们消费，必须增加一些参数，改变收入预期和收入结构，这样才能改变人们消费和储蓄的行为。中国的储蓄率一直居高不下，影响非常广泛，甚至贸易顺差、外汇储备都与此相关。只有研究并发现人们行为的规律，采取相应的政策，才能得到适当的效果。

需要再次强调的是，我们过去研究供给侧的问题多一点，对需求侧的研究不足，这两方面都应该认真研究。一方面要坚持长期发展，在供给侧推进制度改革和科技发展，另一方面要特别关注需求侧。宏观经济学强调需求决定论，如果需求不能持续增长的话，经济就总会处于一种失衡状态。随着不断增加投资和储蓄，我们现在的生产能力越来越强，在很多领域存在产能过剩的问题，更加突出地反映出需求增长速度大大低于供给侧增长速度，如何改变现状，是需要认真思考的问题。

（一）"凯恩斯主义"：预期的作用与政策选择

投资波动是引起经济波动的首要原因，是最不稳定的因素，而消费相对稳定。原因在于消费品（房、车、包等）带来的满足感和幸福感是基本稳定的，或者说消费者对消费品的预期回报基本稳定，不会出现大的波动。投资不一样，我今天对投资回报的预期是赚20个点，要加大投资，明天可能预期亏20个点，投资马上大幅下滑。这就是所谓的"动物精神",非理性预期会引起大的波动。

要解决宏观经济面临的问题,非常重要的是尽快采取措施,把经济从低迷状态中拉出来,在解决短期市场低迷的同时解决长期问题,否则经济就会陷入长期衰退。有人把我们与日本进行对比,认为日本当年没有采取迅速有力的措施,把经济从下滑中拉出来,导致之后的 30 年一直萎靡不振。对于短期和长期有很多争论,在大萧条时期,很多人认为要从长远考虑,凯恩斯则非常强调短期政策对经济表现的重要意义,他的回答是:"长期我们都死了!"因此凯恩斯主张及时采取各种措施,在短期内止住经济的下滑趋势。这就涉及哪些政策有效、哪些政策无效的问题。

"流动性陷阱"是凯恩斯提出的一种假说,即当利率降到不可再降低的地步时,任何货币量的增加都会被以"闲资"的方式吸收,这就像掉入一个陷阱。凯恩斯创造了一个名词——资本的效率,也就是预期投资的回报。举个例子,尽管利率降到 5%,但是如果我的预期投资回报是 2%,低于利率水平,那么我仍然不会投资,也不会申请贷款。日本经济泡沫破裂并进入长期低迷之后,辜朝明提出"资产负债表衰退"理论,在资产泡沫破裂后所处的经济下滑期,由于人们预期低迷,看不到回报率较高(高于零)的投资项目,所以即使在零利率环境下,仍专注于偿还债务而非借贷投资。这时增发的货币会回到银行系统空转,而没有增加实际需求。为什么出现这种情况?假如现在利率是 5%,面对一个预期回报率是 10% 的投资机会,你会贷款去投资,赚 10% 再还那个 5% 利息的债务,还是现在不投资先去还债?如果现在投资回报率只有 3% ~

4%，你一定会还债而不是投资，因为投资亏得更多。总之，你之所以选择还债而不是投资，是因为投资的预期回报率太低。这就是一个"流动性陷阱"问题，是典型的经济萧条时期预期不振的结果。辜朝明只是用一个新名词来说明老现象，在理论上没有新的变化。

当危机爆发时，预期低迷，货币政策失效，因此必须由财政政策发挥主要的作用，这是凯恩斯主义在政策主张上的要点。通过发债把居民手中的钱借来，用于政府支出，从而创造需求、拉动需求。为此，当时有一系列文章论证乘数理论。从数学的角度看乘数理论并不复杂，简单来说，就是政府花1元购买一件商品，商品生产者用所收到货款的一部分，去购买上游生产资料等零部件，生产零部件的厂家再用一部分收入购买它的上游产品，于是1元的支出就可以拉动几倍的社会总需求，形成乘数效应。从这个意义上来说，我很赞赏2024年中国出台的推动大规模设备更新和消费品以旧换新的政策，因为这可以使实体部门产生真正的需求。

当然，可能有些人对这项政策不理解，这其实涉及经济体中的几种不同的效率概念。如图1-2所示，宏观经济学追求的是宏观动态效率，如果出现大的波动，要消除过剩产能，影响增长速度，宏观效率就比较低；如果波动相对小一点，或者熨平波动，宏观效率就比较高，最后实现的增长速度也会相对高一些。因此就有一个宏观效率概念，它既不同于微观的生产效率，也不同于市场中的配置效率，而是指跨时间段的配置效率，即今天和明天投资或不投资所取得的效率。

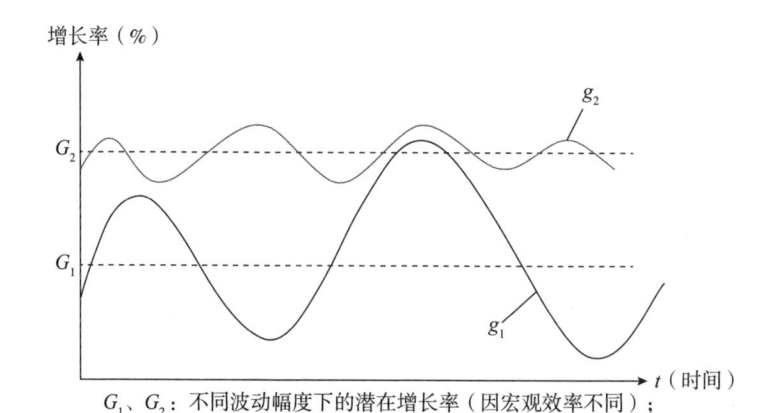

G_1、G_2：不同波动幅度下的潜在增长率（因宏观效率不同）；
g_1：实际增长率，波动较大，宏观效率较低；
g_2：实际增长率，波动较小，宏观效率较高。

图 1-2　经济波动、宏观效率与长期经济增长

为了说明这个问题，凯恩斯举了一个例子：雇人去挖掘废矿，在一个瓶子里放些钱，然后把瓶子藏在废矿里，第二天再雇人把这个瓶子挖出来，瓶子里的钱就是他的工资。挖掘废矿没有任何微观效率，但是雇工挖出瓶子拿到钱，解决就业问题，消费支出增加，总需求扩大，实现了宏观效率。这就是经济学的抽象方法，微观问题不说明宏观问题，就先把微观问题抽象掉，观察纯粹的宏观效果。在现实中，政府安排支出当然也要考虑微观效率。但是凯恩斯举这么个看似荒唐的例子，其实是在说："你们这些人怎么就是不明白呢，那就通过这个场景来理解什么叫作理论抽象吧！"

所谓"凯恩斯主义"，在较狭窄的意义上，指的就是一种政策选择：因为认识到危机中货币政策不起作用，发生"流动性陷阱"，所以主张应该更多地运用财政政策。

（二）一些经常被混淆的问题

宏观经济学中有一些问题经常被混淆。

第一，长期问题与短期问题。我在 30 年前写过一篇关于宏观经济学理论方法的文章，就是因为总有人把长期问题和短期问题混淆。对于经济发展这样的长期问题，他们说总需求不足，预期不振；而说到通货膨胀、经济危机，他们又说要通过体制改革和技术进步来解决。这样把不相关的问题搅和到一起，结果什么都没说清楚。宏观经济问题从原则上来讲是一个短期问题，应对政策要马上见效。比如面对通货紧缩，失业率不断上升，不可能通过一个 20 年的体制改革方案来解决，而必须通过利率调整或者政府支出，马上抑制通货紧缩、缓解失业。这是宏观经济学作为一种理论存在的意义，宏观经济政策解决的是短期问题，并不解决所有的问题，特别是像发展教育、科技创新、体制改革这些长期问题，我们还有其他理论与政策来解决这些长期问题，比如发展经济学、制度经济学等。

第二，供给侧问题与需求侧问题。失衡可能因供给侧造成，也可能因需求侧造成，不同的时候有不同的侧重。十几年来，我们的改革和科技进步都取得一定的成就，供给能力的增长速度令世界称奇。但是，需求不足的问题迟迟没有得到重视。供给侧和需求侧的问题都要研究，当宏观经济失衡时，更应该关注需求侧。需求侧有哪些问题呢？一方面，储蓄率长期处于高位，使消费难以增长；另一方面，公共消费，特别是公共服务消费的增长还存在各种障碍，包括社保和税收过高，公共教育、公共医疗、公共卫生以及养老等一系列公共服务需求没有得到很好的满足等。公共服务的供给有很多缺口，需要进一步投入。公共服务的基础设施不完善，要从财政支出的角度加大对这些领域的投资，对扩大整个需求发挥积极作用。城市化进程缓慢，是当前我国需求不足的一个重要原因。

第三，个人问题与社会问题。任何经济波动中都会有个别企业的"骗局"起作用，罪犯必须严惩，但要防止惩罚了无辜的大众。如果为了惩罚少数坏人，出台非常强硬、涉及面很广的打压政策，造成经济下滑，导致无辜的大众也受到惩罚，就会产生负面影响。这是在危机时期需要注意的一个重要问题，宏观政策本来就是一个公共政策，要以保护大众的利益为前提。

第四，市场问题与政府问题。这是经济学中一个反复被讨论的重要问题。本文不全面展开，只讨论一点：我们需要尊重事实，而不是用一些毫无根据的说法混淆视听。

一种经常听到的说法就是：凯恩斯主义是对市场经济的否定，搞国家计划经济。这是无中生有。凯恩斯从来没有否定市场经济或要搞国家计划经济，他只是要在市场经济的基本框架内，也就是在私有产权与供求决定价格的制度基础上，加进公共政策或公共服务，即宏观调控，就像搞市场经济的同时要搞社会保障（以及行业监管、法规等）的道理一样，在"原始市场经济"的基础上，加上一些提供公共品的机制，发展出今天的现代市场经济。凯恩斯也从来没有主张政府要用行政手段而不是经济政策来进行宏观调控。

凯恩斯主义是在大萧条的腥风血雨中产生的理论，它要解决的是千百万人的生计问题。批判凯恩斯的人往往会说，只要有市场经济，市场早晚会调整过来。但是，这个"早晚"是多久？大萧条历经10年，加上第二次世界大战以及之后的恢复时期共25年，当时的世界经济直到1954年才恢复到1929年的水平。理论家只需要上嘴皮碰下嘴皮，而对那些在危机中失业、饥饿、收入下降的人来说，结果可能就是一辈子的贫困（当今世界也经常有"失去的几十年"的案例）。

那些批判凯恩斯的人要面对的更基本的问题是，替代方案是回到原始放任的自由市场经济吗？市场经济来到人世间，就伴随着不断的波动，世界各地的市场经济仍在不断地动来动去。你如果不能消除波动，你就要提供应对波动的办法。现在没有一个市场经济国家是没有宏观调控机制的。自凯恩斯宏观经济学问世以来，世界范围内的市场经济总体来说比早期的运行更加平稳。2008年金融危机比1929年的更加严重，但几年之间就趋于稳定。这次疫情冲击后，凡是采取凯恩斯主义（以财政政策为主）并且政策力度足够大的国家，都没有出现大幅下滑，后面的恢复也很迅速。这些都说明凯恩斯主义是有效的。如果提不出有效的替代方案，你的批判就是无效的。相反，人们应该学习凯恩斯的理论，如何不违背市场规律，用经济政策而不是行政手段来调节经济。

第五，所谓"大水漫灌"。

还有一种普遍流行的说法，就是搞扩张性财政货币政策等同于搞"大水漫灌"。好像不搞刺激政策，没有政府干预，任由经济下滑也不管，才是坚持市场经济。赞成派举的一个例子是2009年的刺激政策，理由是当时的"大水漫灌"导致了许多不良后果。那么我们就来分析一下当时究竟发生了什么，以及问题出在哪里。

2009年，政府提出的是2年投资支出4万亿元一揽子政策方案，一年其实只有2万亿元，并且在这2万亿元当中，真正的刺激政策没有多少，绝大多数是当年的转移支付，是本来政府就应该用正常的财政收入进行的投资项目。刺激政策要的是"无中生有"的需求，即通过发债创造出新的需求。当时的赤字率确实有所提高，从1.9%提高到2.6%，但一年也不过两三千亿元的量。但是为什么当时会有那么多的投资产生那么明显的经济过热呢？因为真正的大头在地方融资平台债务。1994年《中华人民共和国预算法》通过，禁止地方政府借债，既不能从银行借钱，也不能向银行发债。于是人们就创造了一个"后门"——地方融资平台，即由地方的国有企业去贷款，由政府担保，也属于政府借债。1995—2008年，这十几年的存量是1万亿元，2009年底达到7万亿元，一年内猛涨了6万亿元，占当时GDP的17%，规模惊人，这才是真正的大头。这种金融失序所带来的不良后果（比如当前的地方政府债务问题等），不能用宏观调控来解释，而只能由"没能真正地调控"来解释。

这涉及我国体制中的一个特点，我们有两级政府——中央政府和地方政府，中央政府关注通货膨胀、失业率等，地方政府对宏观变量的关注相对较少。我在1991年出版的《公有制宏观经济理论大纲》中对这个问题进行了分析。亚诺什·科尔内在《短缺经济学》中把政府和国有企业称为"父子关系"，如果儿子缺吃少穿，那么父亲不能坐视不管，要帮助儿子。我们则把地方政府之间的竞争称作"兄弟竞争"，这也是软约束，以此来解释当时的各种问题，包括 20 世纪 90 年代初很高的通货膨胀率。回过头来看，这其实是地方债务失控，而不是宏观经济政策的有效调控。真正的宏观政策需要在数量上进行控制，一方面要有足够的力度，另一方面要放得起、收得住、退得出。近几年国际上宏观政策讨论中有一个名词叫作"tapering"，就是慢慢拧水龙头，逐渐减小水量，退出"量化宽松"的政策。只有中央政府可以控制数量的政策才是宏观财政政策。而当年所谓"大水漫灌"，是由于金融失序，地方支出过大，客观上起到了扩大内需的作用。

2018 年，《中华人民共和国预算法》经过修订，要求地方政府不得向银行借钱，但可以向公众发债，发债规模由中央政府控制，这其实已经具备了中央政府实施有效宏观调控的制度基础。之后出台了一些政策，股市的一些机制放开了，后面还要观察量有多大，特别是财政政策，因为以前太少了，要有足够力度才能真正发挥作用。从国际经验来看，有的国家推出的政策力度太小，迟迟不起作用，没能逆转趋势，仍然逐步下滑，最后用了很多年才恢复。这是需要认真吸取的教训。

（三）学会管理经济周期全过程

当前的经济下行，在某种程度上也是一种不可避免的情况。每个国家在发展过程中都会出现波动。我国经历了 40 多年的高增长，没有出现经济危机与衰退，这是一个伟大的奇迹。现在经济增速较低，但不是负增长，所以不必过于恐慌。当然，40 年来积累了很多问题，现在需要面对和解决。

巴菲特的搭档芒格说过一句话，中国人很会管理"繁荣"，但还不太会管理"萧条"。我们成功地管理了"繁荣"，也就是经常性"防止经济过热"，从而实现40多年的高速增长。但正是由于没有经历大的波动，我们还不善于管理"萧条"。如何度过低谷，值得我们认真思考。宏观经济学在很大程度上是为了管理"萧条"而诞生的，正是在这个意义上，我们要更好地进行宏观经济学的教育，学会管理经济周期的全过程。

中国经济 50 人论坛丛书
Chinese Economists 50 Forum

第二章 如何"看见"宏观经济风险[①]

刘尚希[②]

[①] 本文根据 2024 年 3 月 28 日长安讲坛第 411 期内容整理而成。
[②] 刘尚希，中国经济 50 人论坛成员、中国财政科学研究院研究员、原院长。

党的十八大以来，习近平总书记多次告诫全党要树立底线思维，用"木桶原理"警示全党既要善于补齐短板，更要注重加固底板。在中华民族伟大复兴的进程中，我们要关注那些颠覆性的风险。当前全球经济充满不确定性和风险，中国经济也不例外。如何"看见"风险？我们用眼睛可以观察外部世界，但是对于经济，眼睛很难直接看得到。可以说，有什么样的知识和分析框架，决定了我们能"看见"什么。我们见到的世界，是我们加工过的世界。靠传统的知识和见解，无法在风险世界中生存。今天我们就探讨关于风险的一个分析框架。

一、重新认识风险

　　我们对风险这个概念并不陌生，金融尤其是微观金融要谈风险，企业管理也要谈风险。现在需要重新认识风险，这对于我们构建自身所需的确定性来对冲风险是非常必要的。

（一）风险与不确定性

世界的本质从确定性到不确定性。爱因斯坦说"上帝不掷骰子"，但是量子力学让我们不得不相信，"上帝似乎是掷骰子的"。随着自然科学的发展，大家认识到世界的本质是不确定性，而非原来认为的确定性。风险与不确定性是直接关联的，如果这个世界都是确定性的，那就没有风险可言。现实生活中的不确定性风险处处存在。弗兰克·H.奈特在其代表作《风险、不确定性和利润》中，从企业视角对风险和不确定性进行区分，这是微观视角。从宏观角度来看，风险既是研究对象，也是研究方法。风险是未来世界在当今世界的投影，研究风险意味着从未来看今天，未来的风险决定今天的行动。当今社会关于风险的讨论，最典型的例子就是投资决策，未来赚不赚钱决定了今天投不投资，如果预期悲观就不会投资，反之就会投资。

风险讲的是一种可能性，不能通过物理学方法证伪。我们所处的物理世界是一个"实体现实"，可以通过实验进行验证。风险属于"虚拟现实"，区分于"实体现实"，不是"有"或"无"，而是二者的叠加态，要用新的概念去描述它，那就是概率思维、量子思维。概率思维和量子思维显然不同于传统的确定性思维、机械化思维。风险具有三个特征。首先是不确定性。按照一般的定义，风险就是事件发生的概率，可能是 0.2，也可能是 0.9，但这只是概率大小的差别，只有到了事后，才能知道是不是已经实际发生。其次是隐蔽性。"薛定谔的猫"是量子力学的经典实验，猫处于生和死的叠加态，到底是生还是死，只有打开盒子观察才知道，如果不观察就永远处于叠加态。风险也处于一种叠加态，比如现在进行投资，未来赚或赔是不确定的，实际上处于赚和赔的叠加态。最后是传染性。由于风险具有很强的隐蔽性，所以容易传染。风险的这三个特征，跟我们在现实中见到的东西是不一样的。

（二）个体风险与公共风险

个体风险即微观风险，是个体可能受到的损害。个体是什么呢？企业、居民、政府、国家等都属于个体，因为从全球来看，一个国家也是"个体"。个体风险可以转移，也可以分散。个体之间依据契约来分配风险，比如经济契约，做生意要签合同，表面上是在做交易，实际是在分配风险，如果没有风险，做生意就没有必要签合同。再比如社会契约，自愿组成的家庭和婚姻就是一种社会契约，受到法律的保护。

与此相对应的就是公共风险，即宏观风险，是集体或共同体可能受到的损害。一个集体或共同体面临的共同风险，显然不可转移，覆巢之下无完卵，只能靠集体行动来化解，而集体行动要靠政府来组织。比如新冠疫情就是一种公共风险，要靠政府进行社会动员来防范和化解。公共风险不可转移，意味着这个集体的成员受损害的概率是一样的。再比如空气质量恶化，无论是穷人还是富人，都要呼吸空气，空气质量恶化对他们健康的损害是一样的。从历史角度来看，社会之所以成为社会，就是公共风险导致的。如果每一个个体都很强大，不会受到其他的伤害，那么人类也不会构成一个社会。正是因为个体很弱小，只有以"类"的方式组织和团结起来，人才能生存和发展。从这个意义上讲，公共风险是组成"社会"的原动力。按照这个逻辑不难发现，公共风险也是组织、规则、道德、秩序和权力形成的原动力。恩格斯在《家庭、私有制和国家起源》中指出："为了……不致在无谓的斗争中把自己和社会消灭，就需要有一种表面上凌驾于社会之上的力量，这种力量……，就是国家。"英国思想家霍布斯认为，建立公共权力，即国家，是人们寻找和平、保护自身安全的要求和愿望，否则自然法不能实施，人们的安全根本没有保障。二战后之所以产生联合国等国际组织，就是因为面临世界大战等公共风险。

从个体风险和公共风险之间的关系来看，个体风险是公共风险的源头，公共风险是由相互依存的个体风险转化变异而来的。在分工高度发达、相互依存的社会，任何主体的行为都会产生外部性，每一个个体都是潜在的"风险人"，个体的风险不断向公共风险转化，即风险的公共化、宏观化。比如在疫情防控期间，如果发现一个病例但没有马上采取隔离措施，这个人就会成为风险人，一传十、十传百，导致更多人被传染。在经济活动中，风险的分配通过私人契约来约定，但是私人契约也有不完备的时候，会出现违约。如果债券违约不能偿还，会对债券市场产生影响，如果大企业或大量企业出现违约，这种影响就不可小觑。个体风险向公共风险的转化随时可能发生，在没有外力干预的情况下，二者形成风险循环累积，即"个体风险—公共风险"不断循环累积扩散,这时就需要公共契约来解决问题。公共契约是共同体、个体之间分配风险的工具。

(三)人类文明进入"风险社会"新纪元

风险无处不在。随着生产力的发展,人类对自然的认知和对自然风险的防控能力比过去大大增强,但是人类活动自身产生的经济风险和社会风险日渐大于自然风险。全球充满了风险,而且这些风险很难预测,当前的形势就是习近平总书记所讲的"百年未有之大变局",不确定性明显上升。

德国社会学者贝克提出了"风险社会"的概念,引起广泛关注。他认为风险社会是现代性的产物,越是文明进步,大家越是相互依赖,于是地球变成"地球村",人类的风险社会到来。人类原来构建的规则不断失效,秩序被打破,不确定性风险增加。而且新规则的建立慢于旧规则的失效,因为风险的冲击加剧了不确定性,风险频发,应急手段多于对规则的考虑和构建。

人类社会发展的历程呈现"加速度"态势。农耕社会是慢变社会,变化是匀速的,可能一千年都不会有大的变化,生产方式和生活方式相差不多。工业化之后,变化开始加速,进入快变社会,一百年一大变。三次工业革命之后,人类的生产方式和生活方式发生了翻天覆地的变化。进入信息社会之后,数字化、人工智能带来的变化速度更快,可以说是十年一变。在社会加速变化的背景下,风险的含义也发生了变化。

风险与参照系有关,同样的风险事件在不同的参照系中,造成的损害是不一样的。举个例子，在一个低速度的参照系里，两辆汽车剐蹭不会造成很大伤害；如果在高速度的参照系里，两架飞机相撞就会机毁人亡。再举个例子，过去说到某种食品有问题，由于慢变社会的信息传播速度有限，对产业和企业不会造成太大影响，如果现在网络上出现"香蕉有问题"的谣言，信息就会迅速传播，大家不再买香蕉，就会对香蕉产业造成巨大影响。

风险公共化的后果取决于风险的广度、强度和烈度。以病毒的传播率、致病率和致死率为例，有的病毒传播快、致病率高，但是致死率低，比如病毒性感冒；有的病毒传播率高，致死率也很高，那就是重大风险。随着社会发展的加速，风险越来越多，后果也越来越严重，一个不经意的事件就可能产生巨大风险，引发"蝴蝶效应"。

二、风险社会中的"风险经济"

人类文明进入风险社会的新纪元，经济系统是嵌入社会体系之中的，风险社会内生"风险经济"。

（一）风险经济的定义

风险经济是以风险为底层逻辑的经济学所"看到"的现实经济。第一，"风险人"假设。任何主体都有一种本能，就是风险外部化，把风险转嫁给别人。经济学中的"经济人"假设，其目标是利润最大化，而"风险人"的目标是风险最小化。在风险经济中，首先要考虑行为目标的变化，若目标从利润最大化转向风险最小化，一旦发生这样的转化，宏观经济就会收缩。第二，价格由风险决定。在现实中负价格是不可理解的，但是从风险定价来看可以有负价格，这就像数学中的"虚数"。第三，风险分配决定资源分配，资源总是流向既定收益条件下风险最小的地方。第四，收入是风险报酬。成本是风险的函数，要素投入不过是风险的载体。第五，公共风险会引起产出缺口。我把这个产出缺口定义为"全要素成本"，全要素成本是全要素生产率的减项，这在过去是被忽略的。

（二）经济循环与风险循环

第一，"支出—收入"在部门之间的循环。居民部门在企业部门购买产品，企业部门收回成本、获得利润就有钱雇用劳动力，劳动力拿到工资就有消费支出，收入和支出形成循环。如果循环不畅，比如内需不足，实际上就是供需形成负反馈，衍生风险累积，风险累积导致的宏观效应就是储蓄与投资失衡。宏观平衡的条件是储蓄等于投资，从储蓄到投资的过程可以解释为金融活动。如果储蓄和投资失衡，就意味着市场没有出清，需要宏观政策尤其是财政政策来维系这个宏观条件。如果储蓄大于投资，如何消化过剩储蓄？要么靠顺差，要么靠政府赤字。只有达到平衡，市场才能重新开始一个新的循环。

第二，"存量—流量"之间的循环。GDP是财富的增量，财富是新创造价值累积的存量。财富规模越大，错配风险越大。如果无效资产、僵尸企业等无效积累增多，存量和流量之间的循环就不畅通,这意味着整个经济效率就会下降。现在创造单位GDP所需投资是以前的几倍,就说明效率下降。

第三,"资产—负债"之间的循环。负债形成资产,资产偿还债务,在这个循环过程中很容易出现流动性风险和资产贬值风险。在财富存量中,经营性的是资产,非经营性的是财产。对于一家企业来说,资产贬值意味着杠杆率上升。雷曼兄弟公司破产就是从资产贬值开始,然后资不抵债,最后破产倒闭。企业之间、部门之间存在风险链,你的资产可能是我的负债,最典型的就是银行资产(信贷),即企业负债。如果一家重要企业的资产负债表出现问题,通过资产负债表的勾连,风险快速传递和蔓延,就像《三国演义》中"火烧赤壁"那样,大火会把相连在一起的战船全部烧掉。

(三)"个体—集体"之间的风险循环

当某个企业出现问题、风险外部化之后,风险越积越多并扩散、公共化,就会变成公共风险,即宏观风险。一旦公共风险上升,很多企业都会感觉到压力。"个体—集体"之间的风险循环,也因参照系不同而有所不同。在经济高速增长的趋势下,个体风险外部化下降,公共风险呈收敛趋势。而在经济下行的趋势下,个体风险外部化上升,违约增多,风险公共化扩大,公共风险呈扩散态势。我们要防控风险,首先要认识到风险循环,知道从何处下手,解决什么问题。在风险公共化过程中如果形成了关联效应,就要及时斩断,不要让所有企业遭受压力,尽快改变预期。在2008年金融危机期间,雷曼兄弟公司破产倒闭,如果美国政府不救市的话,风险就会快速公共化，变成公共危机，企业会接连倒闭，金融体系将会崩溃，最后美国政府不得不出手。当时美国很多经济学家反对救市，认为政府无视道德风险。但如果这个时候不救市，风险就会继续蔓延。对风险循环的状态要做出判断，不要错过低成本防范化解风险的机会，如果风险演变成危机，化解的成本会更高。

三、政府在风险社会中的角色

（一）公共风险的管理者

政府作为公共风险的管理者，目标是公共风险最小化。公共风险最小化可以实现宏观确定性最大，市场预期自然就会形成。在市场上做生意是有风险的，比如股市有风险，进入市场要做好准备。大家都知道不需要政府去管，可以通过市场风险来优化资源配置，实现优胜劣汰。如果变成了公共风险，大家无力化解，就需要政府防范和化解，目标是公共风险最小化。公共风险最小化之后，市场主体自然可以应对市场的风险。

以什么方式来进行公共风险的管理呢？答案就是遏制风险循环累积扩散。一是防范，避免个体风险公共化。当一个企业出现风险的时候，风险外溢越来越大，如果政府判断有可能变成系统性风险，进一步蔓延成公共风险，就要及时遏制，避免个体风险公共化。二是化解，当公共风险已经形成的时候，要及时处置公共风险，避免内部化，也就是微观风险成本上升。

管理公共风险的手段是增强契约的完备性。第一，私人契约，现在企业之间相互拖欠越来越多,规模越来越大,拖欠时间越来越长,说明私人契约越来越不完备,在分配风险中失效。在这种情况下,容易导致一些企业,尤其是中小企业出问题。如果中小企业大量倒闭,失业就会增加。第二,公共契约,包括法律、制度、政策等。如果法律、制度、政策不完善,甚至政府公信力不足,就说明公共契约的不完备性在扩大。怎样增强契约的完备性呢?一是法治,二是政策,三是改革,要形成一种制度性安排,让大家有长远的预期。当然,契约不完备是内在的,但是有程度的区别,政府管理公共风险要从薄弱环节入手,遏制风险循环。

(二)风险规避工具的生产者

一是提供风险市场,包括保险、银行、证券、期货及其衍生工具。与经贸市场不同,这些市场不是天然存在的,需要政府去组织,微观主体在这些市场上转移风险、分散风险、套期保值,避免了风险外部化上升为公共风险。

二是提供无风险资产。风险资产的定价基准就是政府提供的无风险资产,即国债。国债收益率至关重要,就像灯塔、航标一样,风险资产定价以此为参照。人民币要走向国际化,必须对应优质的人民币资产,如国债和公司债券,进而实现人民币的国际循环。如果优质人民币资产不足,人民币国际化进程就会非常缓慢。

三是最后贷款人。央行的职能体现在几个方面:宏观流动性稳定、币值稳定、估值稳定。估值稳定比币值稳定更加重要。有人推算,我国房地产市场和股票市场经过深刻调整之后,近年来存量财富减少 150 万亿元，实际上就是资产价格下降。对企业来说，资产价格下降，杠杆率就会上升，资产负债率也会上升，企业就会收缩，以降低杠杆率。估值不稳定，悲观预期可能就会上升，当资产缩水的时候，需求可能也会收缩，从而引发宏观效应。经济金融化是一种趋势，资源和资产可估值、可抵押、可转让的过程就是金融化。财务意义和金融意义上的资产负债表是不同的，财务上是面向过去，金融上是面向未来，看潜在价值。经济金融化意味着定价机制和估值机制都在发生变化。在存量财富越来越多的情况下，财富价格能否稳定就变成重要问题，资产价格出问题比币值出问题产生的风险更大。

四是最后买单人。当其他主体买不起单的时候，最后一个买单人就是财政。风险救援的对象是重要性机构。什么是重要性机构？不是简单看规模，而是对风险的广度、强度、烈度进行评估，后果更严重的机构就是重要性机构，要进行风险救援。如果不救，小病拖成大病，最后进了 ICU（重症监护病房），以后就要投入更大成本去解决。出现风险的企业最后可能破产倒闭，但是风险并未消失，仍会继续传播，最后带来一系列严重影响，所以风险救援就变得很重要。

谁来救援？按理来说，应该以财政为主，央行配合。这个时候风险责任是谁已经变得不重要了，首先要救，切断风险传播链条，避免风险进一步公共化。但是现在对于风险的研究，尤其是对于宏观风险或者公共风险的研究并不深入，往往把风险救援和风险责任裹在一起，这可能丧失救援的良好时机，导致风险越来越大。救援触发条件也很重要，主要通过市场发挥作用，当优胜劣汰机制失灵时，政府要出手，一定要把握好这个度。判断标准是什么？就是看风险会不会公共化，当然实际操作比理论复杂得多。

（三）公共政策与风险权衡

从风险的角度看，公共政策是政府对冲风险的工具。公共政策是一个工具箱，也是一个政策体系，通过不同政策组合来对冲经济风险、失业风险、自然风险和外部风险，失业风险和外部风险是经济风险衍生出来的。近10年来，我们的增长曲线平滑地缓慢向下，没有波动起伏，在这个背景下，风险容易扩散，因为个体风险很容易外溢，出现风险的市场主体越来越多。在这个时候就要对冲经济风险，最主要的工具是财政政策。

风险是不能清零的，风险永远存在。要按照风险生成的内在逻辑区分轻重缓急，抓住风险链条，精准实施政策。风险权衡非常复杂，需要从整体上进行判断，不能从某一个行业、某一个部门去看。现在讲风险往往贴上某个领域的标签，比如财政风险、金融风险、养老风险、失业风险等，其实风险是整体性的，会相互转化。前不久大家都在关注延迟退休问题，一说到退休问题就会涉及养老金，按照相关研究，养老金结余到2035年可能耗尽，以后怎么办呢？这个风险现在就要考虑，要采取一些措施，其中一个措施就是延迟退休。延迟退休意味着工作时间变长，拿退休金的时间变晚，从风险角度来讲，这是风险的重新分配。社会保障基金的缺口越来越大，需要财政来补，是不是要收更多的税去补社会保险缺口？这是一种权衡。也有人提出把一些国有资产转到社保作为补充，问题是国有资产要保证不贬值才行；如果贬值的话，不但不能带来收益，可能还会变成包袱。这些实际上都是风险权衡，不仅要考虑经济，还要考虑社会，方方面面都要兼顾。

任何政策都是风险权衡的产物。为了对冲风险，财政政策要加力，财政风险就会扩大，就要考虑财政的可持续。稳健的货币政策保证了流动性充裕，但实际上也是扩张，要权衡发生通胀的风险。政策自身带来的风险，只要认识到了就是可控的，但经济风险是内部衍生的，对市场主体来说有时候不可控，通过政策工具对冲公共风险的时候就是在进行风险权衡。货币政策力度之所以可以加大，很重要的一个依据（或者说风险权衡的一个结果）就是判断不会出现通货膨胀，即货币政策加力不会产生新的风险。财政政策权衡的是财政风险与公共风险（经济下行、失业增加），货币政策权衡的是货币风险（通胀风险）与公共风险，一旦公共风险上升，财政货币政策就要加力。

风险权衡的依据是风险分配正义。权衡风险实质是在分配风险，要考虑当前与未来、农民与市民、老人与青年、东中西部地区等。实体正义讲的是机会公平和结果公平，而风险正义要求按照能力分配风险，让最能承担风险的主体来承担风险。要实现风险分配正义并不容易，需要法律和制度来支撑，因为在现实中，能力强的更能转嫁风险，让弱者承受更多风险。

四、出清风险与稳定预期

（一）出清风险是出清市场的前提

市场出清是实体经济学的逻辑，风险出清是"风险经济学"的逻辑。在风险社会中，行为主体的目标由利益最大化转变为风险最小化，这个时候只有出清风险才能改变预期，进而出清市场。为了让经济产生活力和内在动力，就必须出清风险。出清什么风险？我刚才说风险不能清零，这个就要弄清楚了。

市场参与者都有一个风险账户，包括市场风险和公共风险。对市场参与者来说，公共风险是无法准备也无法防范化解的，所以风险出清对象是公共风险，或正在公共化的风险，而不是市场风险。市场风险不需要政府出清，它恰恰是优胜劣汰机制所必需的。

公共风险导致风险成本上升。风险成本是应对风险的准备成本、资产减值损失、沉没成本、选择空间收窄产生的机会成本，等等。在经济增长曲线下行的背景下，结果就会上升，如果防范风险措施不到位导致公共风险上升，风险成本就会雪上加霜。现在经济回升向好态势还没达到我们的预期，信心还没有恢复到以往的状态，这就是风险成本普遍上升导致的。不过，个别企业的风险成本上升不影响市场预期。

风险成本的普遍上升是公共风险造成的，比如外部风险、经济下行风险、政策不确定性、监管等。风险预期普遍上升，资产负债表就会收缩，市场出清更加困难，产能过剩、需求不足。用资产负债表来解释经济衰退有一个前提，那就是资产负债表的金融属性，从财务属性来看，资产负债表是不成立的。当经济金融化达到一定程度，资产负债表收缩就会导致经济衰退。当年日本出现衰退的时候，经济金融化程度比我国现在的还要高，而我国至少在农村有很多资产不能估值、转让，连货币化都没有实现，更不用说金融化。

（二）当前亟待出清的风险

一是房地产长期累积的结构性风险。房地产业有一种"3456"的说法，当然这是形象化描述，不是精准定量。房地产增加值在GDP中占30%，在贷款中占40%，在地方财政收入中占50%，在居民资产中占60%。可以看出，房地产对于整个经济的影响非常大。现在房地产面临流动性风险，怎么解决？银行政策做了调整，但是房地产企业，特别是大型企业，风险越大，银行越不敢贷。很多企业面临生存困境，房地产行业风险公共化的趋势未得到有效遏制。对于房地产行业而言，不仅是风险救援的问题，还有转型的问题。

房地产转型与城乡二元结构和以人为本的城镇化相关。过去是计划经济，实际还有一个对应的"计划社会"，比如体制内、体制外，干部、工人身份等，计划社会就是让社会和计划经济相匹配且适应，这就涉及社会转型，核心是加快城乡二元体制改革，推进以人为本的城镇化。现在户籍人口城镇化率不到50%，常住人口城镇化率超过60%，两者相差17%左右。房地产转型发展要与人口流动、农民工市民化结合起来。房地产行业的风险不是现在形成的，而是长期累积的，与社会结构有紧密的关系。

二是政府债务的结构性风险。这类风险涉及央地债务调整问题。现在地方债务规模大、占比高，中央债务规模小、占比低，债务结构不利于风险控制。2023年发行特别国债，中央转移给地方使用，2024年开始大规模增加中央债务，发行超长期国债。中央债务增加是万亿元级的，地方专项债增加1 000亿元，这种变化反映了央地债务结构调整。

三是金融风险。最大的问题是估值稳定，估值稳定和金融有什么关系？银行贷款需要抵押物，抵押物估值现在和以前不一样，随着房地产市场和股票市场走低，财富存量贬值，银行的贷款抵押物是升值还是贬值要做评估。如果银行贷款的抵押物普遍贬值，银行贷款自然就会下降。币值稳定也很重要，物价下行，钱更值钱，对老百姓来说，眼前是好事，但对企业来说就是灾难。因为收入是名义上的，企业利润也是名义上的，当价格下降的时候，企业利润减少，估值也会下降，居民收入难以增长。从当前来看，估值稳定比币值稳定更加重要。

四是安全领域的结构性风险。比如产权保护（包括知识产权保护）、合规性风险、社会保障风险等，要通过结构性改革使这些风险出清。

五是增长的结构性风险。比如，物价变化为正数，意味着名义增长率大于实际增长率，而物价下行意味着抬高了实际增长率。再比如顺差，顺差会带动GDP增长，但是顺差越大，意味着对外循环的依赖越大，这对于构建新发展格局而言隐含着风险。

六是产业结构升级的结构性风险。数字化、智能化、低碳绿化中的传统产业与新兴产业的替代也会产生风险。

（三）稳预期的关键在于风险预期

在宏观确定性条件下，微观风险预期不会引发普遍的悲观预期，只有宏观风险预期才会导致普遍的悲观预期，现在要出清的就是宏观风险，因为微观主体无法通过权衡来应对宏观风险。宏观风险来自公共风险，公共风险一旦形成，就会内化为微观主体的风险成本。所以要把稳增长、稳就业放在首位，稳预期就是要避免宏观风险预期上升，这一点至关重要。

从内部风险来讲，房地产、地方债和政策确定性是宏观政策的重点，要有效遏制风险循环累积。城镇化、产权保护、央地关系是当前改革的重点，要形成遏制风险循环累积的制度性安排。外部风险方面，大国关系、周边关系是重点，要防范外部风险输入导致内部风险上升，通过风险权衡去应对风险世界。现在人类处于风险社会，我们要有风险意识，才能真正防范化解风险，给发展构建更大的确定性。

中国经济 50 人论坛丛书
Chinese Economists 50 Forum

第三章　中国特色的宏观经济政策框架[1]

黄益平[2]

---

[1] 本文根据 2024 年 5 月 23 日长安讲坛第 415 期内容整理而成。
[2] 黄益平，中国经济 50 人论坛成员、北京大学国家发展研究院院长。

自新冠疫情结束以来，经常听投资者、企业家抱怨我国"宏观经济政策力度不足"①。最近财政部决定发行超长期特别国债，国内外一些媒体纷纷将其解读为"政策放水""中国版的量化宽松"。这些说法有没有道理？党的二十大报告明确提出"健全宏观经济治理体系"。这里的"宏观经济治理体系"是一个广义的定义，它包括三个方面的目标，即提升经济增长动能、保持宏观经济稳定和促进社会公正。三个目标分别对应着与之相匹配的政策工具。本文讨论的宏观经济政策是一个狭义的概念，主要是通过货币和财政的逆周期政策工具，让总需求与总供给平衡，促进物价稳定和充分就业，实现合理的劳动收入增长和企业盈利增长。

　　今天，我基于个人对宏观经济政策框架的观察做一次分享，特

---

① 从2024年9月底开始，宏观经济部门显著加大了经济政策的力度。

意称其为"中国特色的宏观经济政策框架",是因为与一般的宏观经济政策理论与实践相比,这个框架确实有一些特别之处。但这个讨论的目的,不是要提出一个新的经济学理论。我国的政策框架有特色,主要是因为经济中的一些结构性或体制性特征对宏观经济政策的工具选择、政策传导及其效果产生了影响。这些特点仍然可以在一般理论框架下进行分析,但可能需要改变或者增加一些限定条件。除了简单回顾宏观经济政策的形成与发展,这次分享还试图回答三个方面的问题:一是与传统市场经济国家比较,我国传统的宏观经济政策框架存在什么样的特点?二是过去我国的宏观经济政策以雷厉风行、立竿见影著称,为什么近期市场主体普遍感觉政策力度温吞吞的?三是如果要提升我国逆周期调节的成效,应该对宏观经济政策做一些什么样的调整?

一、宏观经济政策的形成与演变

宏观经济政策是政府为了控制与影响总体经济状况所采取的策略与行动。宏观经济政策有特定的目标,一般包括保持经济稳定、实现可持续增长、降低失业率、控制通胀率等。在特定的情况下,宏观经济政策目标有时也会包括一些结构与产业的维度,但这种做法并不普遍。最重要的宏观经济政策是财政政策和货币政策。财政政策是政府通过改变支出与税收水平来影响经济活动。政府增加支出和赤字率,实际上就是增加总需求,经济活动会因此变得更活跃。反之,如果政府减少支出,经济活动的速度就会放缓。货币政策由中央银行控制,一般包括管理货币供应量与利率水平。宏观经济政策有一个非常重要的特征,就是关注总量指标,包括总需求、总供给、总的价格水平和总的失业率水平等,在发展过程中也形成了一些结构性的做法。

(一)凯恩斯主义与弗里德曼批评

一般认为,宏观经济政策体系是在 1929 年大萧条之后逐步形成的,在此之前,各国政府对于干预经济活动并不是积极主动的。凯恩斯应该是早期宏观经济政策思想最重要的贡献者,他主要关注的是财政政策。所谓凯恩斯主义的观点,可以用三句话来概括。[①]

第一句话,总需求由私营部门与公共部门共同决定。总需求的构成是消费、投资和出口,即拉动经济增长的"三驾马车",这三个变量对经济活动水平有重要的决定性作用。总需求水平由私营部门和公共部门一起决定,家庭决定消费,企业决定投资,政府决定公共支出。第二句话,价格特别是工资对供求关系反应缓慢。第三句话,预期中与非预期中的总需求变化短期内对产出与就业产生巨大影响。简单来说就是总需求决定总供给,所以可以通过政府干预来稳定经济活动。当经济下行的时候,政府通过赤字政策可以提升总需求水平,从而使经济活动更加活跃。

过去一百年来,凯恩斯主义为各国的宏观经济政策奠定了学术基础。当然,凯恩斯主义的经济思想也在不断地演变。曾经有这样

---

① 凯恩斯:《就业、利息和货币通论》,中国社会科学出版社,2009 年(原版出版于 1936 年)。

一个笑话,凯恩斯参加了一个讨论会之后跟人说,在会场的都是凯恩斯主义者,除了他自己。

弗里德曼和施瓦茨合著的《美国货币史:1867—1960》,曾经对很多宏观金融学者产生重要影响。弗里德曼及其合作者发现,在1929年到1933年大萧条的4年间,美国广义货币供应量(M2)一直在往下走(见图3-1)。①当经济陷入严重衰退时,如果货币供应量持续减少,就会令经济进一步收缩。弗里德曼认为这个数据表明美联储在大萧条期间不作为。伯南克的学术生涯是从读这本书开始的,他接受两位作者的观点,这很可能为他后来作为美联储主席在次贷危机期间采取超常货币政策埋下了学术种子。伯南克后来出席弗里德曼90岁生日庆祝活动的时候,还特意肯定了弗里德曼之前对美联储的批评。当然,也有学者解释美联储在大萧条期间没有努力推行宽松货币政策,是因为受到一些因素的约束。一是当时的社会普遍担心危机之后的道德风险问题,所以美联储即便有能力,也没有扩大货币供应量的强大动机。二是古典金本位制限定了货币供应量。事实上,很多学者认为,各国经济陷入大萧条的一个重要原因,就是在古典金本位制下,货币供应量跟不上经济产出的增长,从而形成了严重的通货紧缩。②

---

① 弗里德曼和施瓦茨:《美国货币史:1867—1960》,北京大学出版社,2009年(原版出版于1963年)。
② 伯南克:《伯南克论大萧条:经济的衰退与复苏》,中信出版社,2022年。

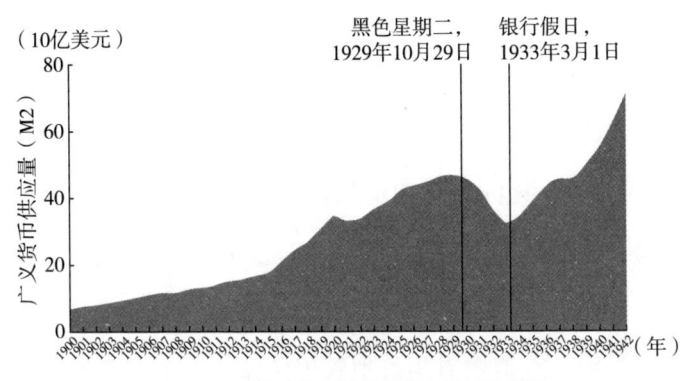

图 3-1 大萧条期间美国的广义货币供应量

（二）宏观经济政策规则

灵活的财政政策与货币政策给宏观经济稳定带来了益处。经济低迷的时候，政府可以提高赤字率，增加公共开支，提升经济活跃度。反之，如果经济过热，政府可以通过增加财政盈余，减少总需求。这样的逆周期调节可以降低经济波动的幅度、增强经济的稳定性，从而有利于提高福利水平。货币政策也一样，特别是在1971年黄金和美元脱钩以后，许多国家走向浮动汇率，央行掌握了信用货币发行的自主权，这为宏观经济调控提供了很大的空间。经济活动活跃的时候，可以扩大货币供应量，适应经济活动的需要，保持价格水平的稳定。同时，还可以实施逆周期调节，在经济增长乏力的时候，采取扩张型货币政策，推动总需求的提高，从而稳定经济。

财政政策和货币政策都变得灵活，为宏观经济稳定提供了非常重要的调节手段。而逆周期调节的一个重要逻辑依据是"稳定可以增加福利"，当然，适当的经济波动也有利于提高经济发展的质量，经济上行的时候会增加许多新项目，经济下行的时候，一部分质量差的项目就得退出。如果经济波动的幅度过大，可能会造成很多浪费，影响人民群众的生活，甚至危及金融稳定。当然，对这种"政策灵活性"的利用也有一个度的问题，如果利用不当，可能会带来新的风险。财政透支过度和货币超发过度的现象，过去都发生过。20世纪80年代的拉美债务危机以及次贷危机之后的欧洲主权债务危机，就是因为政府没有很好地管理负债而发生了重大的风险事件。21世纪最初10年，津巴布韦爆发恶性通货膨胀，面对国民经济的崩溃，当地政府没有积极应对，而是不断地发行货币，通胀率一度超过百分之二十万。面值为100万亿元的津巴布韦币，实际价值约40美分，相当于2.5元人民币。这就是缺乏市场纪律的货币供应扩张可能带来的问题，它可以让一个国家的货币体系在短短几年内崩溃。

既要保持政策的灵活性，又要避免出现大的风险，怎么办？各国特别是发达国家开始探索设置一些重要的宏观经济政策规则。在财政政策方面，主要对赤字率和公共债务设限。一般来说，财政赤字不能超过GDP的3%，公共债务占GDP的比例不能超过60%。这几个条件是欧洲国家为建立欧元区而签署《欧洲联盟条约》时提出来的，目的是确保各国维持健康的财政状况。在货币政策方面，实行通胀目标制，同时赋予央行一定程度的独立性。美联储把通胀率目标设定在2%左右，我国设定在3%左右，可以接受温和的通胀，但不允许随便超发，以保证币值稳定。通胀目标制的一个重要逻辑是，如果货币超发，就容易出现高通胀。因此，只要明确了通胀的目标，就可以在赋予中央银行一定的政策灵活性的同时，避免发生严重的货币超发事件。

（三）最近的一些新情况

不过，自次贷危机以来，各国的宏观经济政策实践出现了一些超常的做法，在一定程度上突破了之前所明确的规则，特别是在新冠疫情期间，许多国家的财政赤字率大幅度地超过了3%，公共债务也远高于GDP的60%。现在除了德国的公共债务与GDP之比略高于80%，七国集团其他成员都超过了100%，日本更是在200%以上。货币政策也一样，在次贷危机与疫情期间，美日欧央行均实施了量化宽松的货币政策，即在将短期政策利率降到零之后，继续采取措施压低中长期市场利率，改变收益率曲线，降低企业的融资成本。这些做法是原来货币政策框架里所没有的。对这些政策实践的批评声音一直存在，主要是认为决策者不负责任地放松宏观经济政策，可能会造成严重的后果。但也有专家认为，过去十几年，欧美国家的宏观经济政策真正做到了"收放自如"，该放松的时候果断地放，该收紧的时候也毫不迟疑。起码到目前为止，这些超常规的做法还没有引发灾难性的后果。那么，这些新的政策实践究竟是临时性的危机应对，还是长期性的规则改变？如果这些突破短期不能及时回归常态，将来会产生什么样的后果？目前也许还无法对这样的问题给出清晰、权威的回答，可以继续密切地观察一段时期。

二、中国宏观经济政策框架的几个特点

与市场经济国家相比，我国的宏观经济政策确实有不少独特之处。以各国货币政策为例，很多国家的央行都有较高程度的独立性，其中不少实行了显性、隐性的通胀目标制，政策工具主要是短期政策利率。我国央行是国务院的组成部门之一，所追求的政策目标也更加多样化，政策工具既有政策利率，也有数量指标。2016年央行行长周小川在国际货币基金组织举办的康德苏中央银行讲座中，阐释了为什么我国的货币政策框架与市场经济国家的框架存在差异。如果简单地总结一条，就是因为中国是一个经济转型中的发展中国家，在经济运行中存在一些独特的机制。[①] 这可能也是理解中国宏观经济政策框架特点最为关键的因素。与市场经济国家相比，我国的宏观经济政策框架确实有很多独特之处——从政策目标到政策工具，从决策过程到执行方式。但最为突出的特点，体现在以下三个方面。

（一）非价格、非市场的政策工具

第一个特点是宏观经济政策框架中存在一些非价格甚至非市场的政策工具。比如，市场经济国家的货币政策工具主要是短期政策利率，哪怕各国央行的调节方式有差异。我国的政策工具种类更加

[①] Zhou Xiaochuan, "Michel Camdessus Central Banking Lecture–Managing Multi-Objective Monetary Policy: From the Perspective of Transitioning Chinese Economy", *International Monetary Fund*, June 24, 2016.

多样化，包括政策利率、数量工具甚至行政手段。即便政策利率也相对复杂，既有中期借贷便利利率，又有短期逆回购利率，短中期同时控制，可能会影响市场上收益率曲线的形状。不过，最近央行行长已经表示，可能要取消中期借贷便利利率的政策工具功能。另外，货币政策的工具箱中还有一些数量工具，最为独特的是"窗口指导"，就是央行使用温和的语言，传递清晰的政策要求。

之所以出现多样化的复杂政策工具，一个很重要的原因就是中国是转型中经济，市场化改革尚未完成，利率传导机制也不够顺畅。比如一些国有企业对利率变动的反应不太灵敏，就不如用货币供应量甚至信贷规模之类的数量工具，效果会更好一些。窗口指导虽然有市场化成分，但归根结底是行政性手段，在执行过程中更容易收到立竿见影的成效。过去将中期借贷便利利率作为政策工具，直接影响贷款利率基准目标，也是因为从短期到中期的利率传导不够顺畅。自改革开放以来，我国的货币政策框架一直沿着两条主线演变：一是从直接控制到间接调控，二是从数量工具到价格工具。也许将来的货币政策框架会更加接近欧美日的做法，但这个转型尚未完成。一些关于货币政策规则的研究也发现，当前是数量规则和价格规则同时发挥作用的混合体。到目前为止，这套调控体系总体是有效的，但在灵敏度、准确性上，确实还有很大的改进空间。

（二）决策过程中的部门站位

第二个特点是财政与央行的部门站位很清晰，有时影响政策协调。欧美国家过去重视央行的独立性，所以政府只管财政政策，管不了货币政策。过去十几年间，这个格局发生了一些变化，但总体上来说，财政政策和货币政策决策是相对分离的。虽然在我国，财政部和央行都是国务院组成部门，但是财政政策与货币政策的协调尚有改进的空间。在宏观经济政策讨论中，经常听到央行呼吁更加积极的财政政策，而财政部则主张更大力度的货币政策。交叉讨论政策选择本身并没有问题，甚至可能是健康的讨论氛围的表现，但也不能排除有时候存在部门站位的考虑。传统的政策思维是政策空间要留有余地，特别是如果考虑"为国家管好钱袋子"，那么对看起来比较激进的政策措施会持保守的立场。央行和财政部都很重视"保存政策空间"，以备不时之需。

问题是，宏观站位与部门站位有时候是有差别的。部门政策空间的价值在于满足未来调节经济周期的需要，这本身并没有错。但如果因为"保存政策空间"而影响了达成"宏观经济稳定"的目的，可能就有点本末倒置了。因此，"政策稳健"与"经济稳健"之间要取得一个恰当的平衡，保持"政策稳健"的目的是将来还有支持"经济稳健"的政策空间，不要把弹药一次性打完。但值得注意的是，如果政策偏保守，一旦影响了"经济稳健"，那也不会再有"政策稳健"。比如，政府一直非常重视3%的财政赤字率的门槛，除了2022年以外，赤字率都确定在3%或以下。但这引发了两个潜在的问题。一是全世界都知道近年我国广义的财政赤字率远远超过3%，区别只是因为一大部分开支没有列在狭义的财政开支里面。政府在2023年和2024年分别发行了1万亿元的专项特别国债，这些支出没有直接计入财政赤字。但问题是，特别国债分配、使用的门槛比较高，直接影响了财政扩张的实际效果。二是短期不愿扩张太多，看起来是有利于财政政策的健康，但如果经济不活跃，反而更有可能造成将来财政状况恶化。

（三）"中央决策、地方行动"

第三个特点是地方政府对宏观调控的放大作用。过去我国宏观经济调控的一个特色是地方政府发挥很大的作用，中央出政策，地方加油干。以"4万亿元"刺激政策为例，其中由中央承担的支出是1.13万亿元，但最终实际做到了30万亿元。这个放大机制主要来自地方政府。决定地方政府行为的是两个机制。一是所谓"GDP锦标赛"。有学术研究发现，在其他条件大体相当的情况下，一个地区的GDP增长速度越快，该地区领导被提拔的可能性越高，后来有学者称之为"GDP选美"。二是地方政府通过土地财政从城投公司、融资平台等获得了许多资源。1994年分税制改革之后，地方的财政能力受到挤压，因而出现了事权和财权不匹配的现象。但很快地方政府就创造性地找到新的财源，包括出让土地和平台融资。

这两个机制往往使地方政府成为宏观经济政策的放大器，特别是在放松的时候。在亚洲金融危机和全球金融危机期间，地方政府对于放大宏观调控机制的作用和稳定宏观经济均发挥了举足轻重的作用。需要强调的是，这种放大作用也不完全是对称的，比如在中央政府决定实行扩张型宏观政策的时候，地方政府的放大作用就比较显著。但在中央政府决定实行紧缩型宏观政策的时候，地方政府的放大作用就不太显著。当然，这种放大作用也会有后遗症，刺激政策之后出现了不少问题，比如产能过剩、高杠杆、僵尸企业、房地产泡沫、金融低效、通胀压力等。有些问题到现在还在消化，这可能是很多官员对过度的刺激政策心存疑虑的原因，决策层甚至开始关注跨周期调节。

三、当前宏观经济政策的新挑战

1949—1978 年，财政实行"统收统支"的体制。1978 年后，形成各种类型的"财政包干"，"利改税"改变了财政收入来源，"分权让利"增加了地方政府自主支配的财力。1994 年，财政实行"分税制"改革，但财政收入还包括政府性基金收入、社会保障基金收入和各种收费、罚款收入等，形成了土地财政模式。2008 年后，地方融资平台长足发展。地方政府想各种办法借钱，但最后承担责任的可能不是地方政府。[①] 美国的市政府、州政府如果无法偿还债务，就只好申请破产，自己承担后果。我国的体制和美国不一样，不可能让市政府、省政府破产，因而最终责任只能由中央政府承担。从 2018 年起，我国的地方财政实行"开前门、关后门"的改革政策，限制地方债务总量。这些年来，一方面限制地方政府融资，另一方面房地产市场不太稳健，土地财政难以为继。尤其是在新冠疫情以后，大部分地区的财政捉襟见肘。传统的宏观调控框架，迎来了历

---

① 楼继伟：《中国政府间财政关系再思考》，中国财政经济出版社，2013 年。

史性转折的时刻。

（一）过于温和的宏观经济政策

2022年底，我国的经济发展进入了后疫情时期。出口、投资和消费都呈现了一定程度的复苏，但总体来说，经济增长的力度还是不太强劲，其中一个非常重要的因素是资产负债表的收缩。新冠疫情期间，家户消耗了大量以前积累的储蓄，企业则增加了不少负债。与欧美国家不太一样，我国政府在疫情期间没有采取给家户和企业发放现金补贴的做法。这意味着当疫情结束的时候，我国家户和企业的资产负债表已经受到很大程度的挤压。疫情后房地产市场再度出现较大震荡，令家户的资产负债表进一步收缩。在这一大背景下，我国经济的总需求偏弱就比较容易理解了。

从理论上说，总需求偏弱的时候，宏观经济政策应该发挥扩张的作用。事实上，在2023年初和2024年初，政府都决定当年的宏观经济政策基调为积极的财政政策和稳健的货币政策，后来央行官员将"稳健的货币政策"进一步界定为"支持型货币政策"（accommodative）。但实际情况是，在那两年，宏观经济政策刺激的力度一直低于市场主体的预期。2023年，广义的财政支出仅增长1.3%，而支出扣除收入后的净支出下降了1.3%。货币政策利率虽然经历了几次小幅下调，但因为通胀率下降幅度更大，实际利率反而有所抬升。总体上看，宏观经济政策尚未从根本上扭转经济的疲软态势。

中国的宏观经济政策刺激力度偏小，这看起来多少有点奇怪。

过去几十年，我国的宏观政策都是以雷厉风行、立竿见影而著称的。近年偏温和政策的背后，可能有一系列原因。有人曾经比较清晰地描述了宏观经济格局的变化，即从过去的"易热难冷"过渡到现在的"易冷难热"，这是因为经济发展进入了新的阶段，包括消费、出口甚至投资在内的总需求，不再像之前那么强劲。这实际上对宏观经济政策提出了新的挑战。

不过宏观政策力度偏弱，还有一些更为具体的解读。第一，以往刺激政策取得很好的效果，但也产生不少副作用，比如高杠杆、低效率、资产泡沫等，这使一些人对采取力度极大的刺激政策持保留态度。第二，GDP 增长率在 5% 左右，也许在有些人的眼中，经济形势可能没有那么糟糕。美联储采取超常的量化宽松政策，第一次是在全球金融危机时期，第二次是在新冠疫情时期，两次都是在面临危机时采取的激烈措施。我国现在 GDP 增长速度保持在 5% 左右，采取激烈的刺激政策的必要性，确实是可以讨论的。第三，宏观政策擅长支持供给，不擅长支持消费。当前我国经济面临较为严峻的过剩产能的挑战，进一步的刺激政策很可能会加剧产能过剩的矛盾。第四，我国政府的行政动员能力强，特别是宏观经济政策放易收难，决策部门因而采取相对审慎的态度。这些理由听起来都是有道理的，但都是有特定的背景和条件的，如果背景和条件发生了改变，那就需要调整决策思路。

（二）宏观政策管理市场预期的功能

近年一个非常重要的变化是地方政府开始缺席宏观经济调控。

过去中央出政策、地方出行动，中央、地方齐心协力调控经济，效果非常好。行政动员能力强的一个重要原因是地方政府在积极作为。但现在地方政府因为财政能力匮乏和市场纪律约束，无法再对宏观经济政策发挥放大作用。2023—2024年，中央政府表明要支持经济增长，但实际政策效果一直非常有限。其中一个重要的原因是，地方政府不但没有帮着扩张，而且实际上做了很多紧缩的事情，比如"企业纳税倒查30年"，渲染"过紧日子"。有意思的是，地方财政困难众所周知，但对宏观调控的影响却鲜少被提及。这意味着传统的宏观经济政策思路需要调整。

宏观经济政策改变总需求有两个机制。一个机制是财政或货币政策调整，直接增加或减少总需求。比如修建铁路、公路、机场等，对水泥、钢铁的需求增加了，经济活跃了，总需求也就增加了。另外一个重要机制是改变市场参与者的预期，比如"4万亿元"刺激政策出台以后，国有企业、民营企业、地方政府、金融机构都觉得机会来了，一定要抓住。所以宏观经济政策的力度一定要足够大，让市场参与者认为经济将发生方向上的转变。如果大家都朝着一个方向努力，就会有事半功倍的效果。如果政策力度不足，就很难改变市场参与者的预期与行为，政策效果就会事倍功半。

诺贝尔经济学奖获得者、耶鲁大学教授罗伯特·席勒主要研究金融市场，他最重要的发现就是投资者市场是非理性的，情绪起很大作用。2013年席勒出版了《叙事经济学》一书，指出如果能够形成一个可信、有说服力的叙事方式，就可以引导市场参与者的行为朝着叙事的方向前进。叙事经济学其实是一种心理学甚至艺术，要让大家真诚地相信强迫是不行的。当然，有影响力的"叙事"有时候不见得是合理的、理性的，所以也很容易造成泡沫和风险。

2009年初，国际市场的铜价突然暴涨。一开始大家并不理解背后的原因，因为铜市场并没有出现严重的供求失衡。后来发现，刺激政策出台之后，铜价开始上涨。主要是因为刺激政策中有一个重要项目，即更新国家的电网系统。电网系统使用大量的铜，因此，刺激政策一经宣布，国际铜价就开始上涨了。

（三）低增长风险还是低通胀风险？

2024年一季度，我国的GDP增长达到5.3%，实现了全年5%左右的增长目标。可为什么市场主体的感知却相去甚远呢？一个可能的原因是价格下降。一季度GDP平减指数为-1.1%，这意味着名义GDP增长只有4.2%。而后者与企业的营业收入和利润直接相关，这说明价格水平的变化对市场主体的感知有很重要的影响。

从2023年第四季度到2024年1月，我国的CPI（消费价格指数）一直处于负增长状态，1月以来的增速也只是略高于0%。大多数专家与官员预测，2024年全年CPI增速会低于1%。[①] 上涨的原因有两个。一是猪肉价格上涨。猪肉价格高，会刺激农民积极性造成供给增加，供给增加造成肉价下跌，肉价下跌到很低则会打击农民积极性，造成供给短缺，供给短缺又使肉价上涨。周而复始，就形成所谓"猪循环"。"猪循环"的周期一般是18个月，现在由

[①] 根据2025年1月9日国家统计局发布的数据，2024年全年CPI同比上涨0.2%。——编者注

于饲养速度更快，周期虽然有所缩短，但是"猪循环"仍然存在。二是石油能源价格上涨。如果只有这两个因素，总体来说，产能过剩的压力很大，价格还是疲软，扣除食品与能源的核心通胀仍然会处于非常低的水平。

被称为"日本物价研究第一人"的东京大学渡边努教授认为价格非常重要，但最关键的是价格预期。如果价格不涨，老百姓就会推迟消费，厂家因为无法提高生产者价格，不加工资也不多雇人，企业盈利没有改善，投资者当然不会增加投资。这样就相当于形成了消费者—生产者—投资者之间一个预期的恶性循环。渡边努认为日本"失去的30年"很大程度上就是这样一个恶性循环的结果。在古典金本位制下因为货币供应量跟不上经济增长速度而造成通货紧缩，实质上也是上述预期恶性循环的结果。

渡边努发现，自2022年起，日本开始走出这个恶性循环，一个很重要的依据是日本消费者开始接受价格上涨。根据他对消费者的调查，过去，消费者去超市，如果看到价格上涨，一般不会继续购买，而是到其他超市寻找没有涨价的商品。但是2022年以来，越来越多的消费者开始接受涨价。当然，促成价格上涨的因素很多，比如日本国内产出缺口收窄，俄乌冲突造成大宗商品价格上涨，等等。过去30多年，日本的CPI一直在0%左右徘徊，2022年突然上涨到4%，之后回落到略高于2%，这个水平与多数发达国家的水平相当。借用渡边努的叙事体系，日本已经开始走入消费者—生产者—投资者预期的良性循环。

值得警惕的是，我国会不会走入"低通胀陷阱"？我国的工业生产者出厂价格指数已经经历了 20 个月的负增长，CPI 也一直低迷。更重要的是，经济中尚存在一系列收缩性机制，包括房地产价格下行压力所造成的需求减弱，以及在钢铁、氧化铝、新能源等领域的过剩产能增加。以成熟市场经济国家作为参照系，过去日本的通胀率是个"例外"，即超常地低，现在似乎正在走向"趋同"，通胀率上升到与其他国家相当的水平（见图 3-2）。我国的通胀率有没有可能步日本的后尘，成为新的"例外"？价格水平的例外，同样也可能造成经济活动的低迷，因而值得引起高度重视。

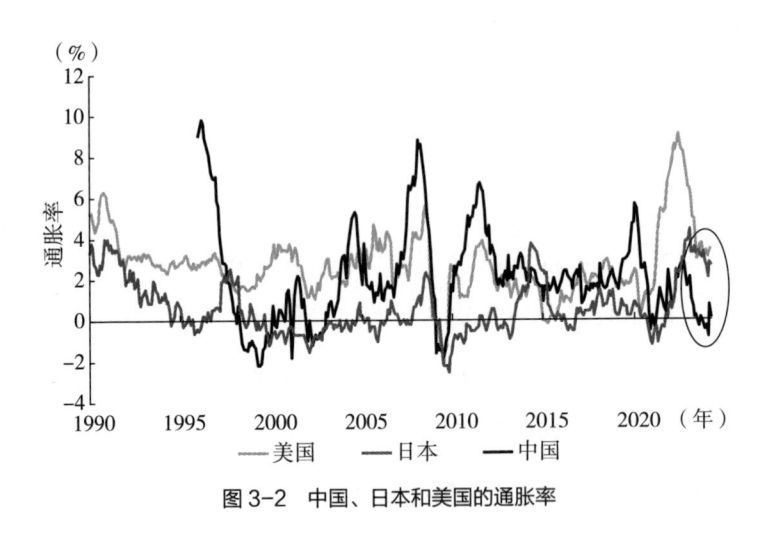

图 3-2　中国、日本和美国的通胀率

（四）资产负债表衰退的风险

辜朝明曾经在分析日本 20 世纪 90 年代资产泡沫破灭的后果时，提出资产负债表衰退的概念。他的主要发现是，当时企业已不再追求利润最大化，而是追求债务最小化。这一行为的变化可能导致全面性经济衰退，甚至令货币政策和结构性改革政策无能为力，这个时候最为重要的政策工具是财政政策。近年经济学界也经常存在关于我国经济是否会发生资产负债表衰退的争论。我在这里不打算介入相关讨论，但值得注意的是，一旦资产负债表开始全面萎缩，将很难维持经济活动的稳定。而当前我国家户、企业和地方政府的三张资产负债表，正面临前所未有的压力。一方面，房地产价格下行，使家户资产缩水，金融机构的资产质量承压。另一方面，去杠杆或稳杠杆的要求，使地方政府无法有效支持经济活动的扩张。如果资产负债表稳不住，经济活动就很难真正稳住。在辜朝明看来，这个时候需要更大程度地发挥财政政策的作用。当市场上优质的借款人越来越少的时候，政府就应该发挥最终借款人的功能。

四、改进我国的宏观经济政策框架

过去几十年，我国的宏观经济政策雷厉风行，其决策速度、执行成效经常令国际市场参与者惊叹。最近这几年，虽然政府依然十分重视宏观经济调节，也采取了不少措施，但市场主体普遍感到政策力度不如以往。这本身可能不是什么问题，但市场预期迟迟不能得到改善，需要引起高度重视。归根结底，经济行为还是由市场预期决定的。

（一）两种流行的观点

我在政策讨论中经常听到两个观点。第一个观点强调结构性改革远比宏观刺激重要。这个观点当然是对的，毕竟只有改善经济效率、提升总要素生产率，经济才有可能实现可持续增长。我在过去很长时期也赞同这样的观点，比如 2008 年写了短评文章《GDP 增长低于 8%，天不会塌下来》，主要论点是增长的质量比增长的数量更重要，不要把"保 8"当作神圣的理念。这个看法并不否定宏观经济政策的重要性。如果说结构性改革是长期举措，宏观政策则是短期性应对，两者其实是缺一不可的。如果短期内经济垮了，可持续增长也就无从谈起。有专家认为现在企业家信心不足，这是一个结构性问题，只能通过结构性改革解决，宏观刺激至多也就是拖延问题，并不能从根本上加以解决。问题是，结构性改革是需要条件的，见效更需要时日。重要的是先把经济态势稳住，而这正是宏观经济政策的责任。

第二个观点认为，欧美激进的货币与财政政策宽松是不负责任的行为，害人害己。2008 年前，由于核心通胀一直非常稳定，美联储长期维持十分宽松的货币政策。短期看，当时的增长很强劲，就业也很充分，但最终引发了祸及全球的危机。在全球金融危机和新冠疫情期间，欧美各国非常果断地采取大力度的财政、货币政策举措，有效地稳定了经济与金融条件。危机结束之后，又迅速实现财政、货币政策的正常化，并没有引发严重的后果。起码从逆周期调节的角度看，这段时期的宏观经济政策是有效的。欧洲央行原行长德拉吉说过，欧洲主要依靠货币政策，而日本在很长时期主要发挥财政政策的作用，只有美国是财政政策、货币政策双管齐下。所以，相比较而言，美国的经济表现最好。至于之后欧美经济是否会出现严重的跨周期问题，还需要进一步观察。

（二）问题与改进的方向

因此，宏观经济政策还是应该回归到周期定位，即管理经济周期。前面已经讨论过，最近一段时期，我国经济中出现的一些新情况令宏观经济政策成效打了折扣。第一，跨周期调节的视角，可能削弱了逆周期调节的效果。"跨周期调节"的提出有合理性，也是基于过去已经发生的问题做出的应对，因而具有很强的理论创新性。但跨周期调节与逆周期调节之间的协调是一个新的挑战，不能因为担心跨周期问题而放弃逆周期调节。第二，财务状况紧张使地方政府缺席近年的宏观经济调节。这可能是近年宏观刺激政策效果不尽如人意的主要原因。客观地说，地方政府减少参与宏观经济调节不一定是坏事情，将来地方政府可以回归狭义的政府功能。但与此同时，中央政府要承担更大的宏观政策责任。第三，因为过度重视政策稳健而影响了对经济稳健目标的追求。政策工具的稳健是表，宏观经济的稳健才是本。以财政政策为例，在经济疲软的时候，财政赤字率提高到3%以上，表面上看降低了财政政策的健康度，但如果财政刺激政策最终稳住了宏观经济，财政政策空间一定会变得更大。如果经济稳不住，财政政策空间也就无从谈起。第四，行业政策调整影响了宏观经济稳定。前几年的专项整治政策所针对的房地产、金融、教培、平台经济等，都是最活跃的经济部门，现在专项整治已经结束，但市场尚未感受到监管政策环境的宽松。专项整治是行业性政策，但客观上产生了紧缩的宏观效果。

我国可以考虑在以下几个方面做一些政策调整，改善宏观调控的效果。

一是重视对市场预期的引导。直接增减总需求，只是宏观经济政策的一部分功能，更为重要的是改变市场预期。如果企业家、投资者、消费者的预期改变了，宏观调控措施就可以做到事半功倍。改变预期，首先要加大宏观经济政策力度，给市场情绪足够大的冲击。同时也要关注叙事经济学的作用，如果整天渲染"过紧日子"、降薪、补税，市场主体不可能对未来变得更加乐观。

二是中央政府和中央银行承担宏观经济调控的主体责任。过去地方政府有意愿、有能力、有资源，中央的宏观经济政策效应很容易被放大，但现在基于多方面的原因，地方政府不太可能继续发挥那样的作用，这意味着如果中央政府要刺激经济活动，就必须有足够大规模的财政开支，预算必须要做足，而且要能够落得下去。

三是对逆周期调节的关注，要放在跨周期调节的前面。如果因为担忧将来出现跨周期的副作用，而减弱了逆周期调节，那宏观经济政策就相当于自废武功了。正确的做法应该是采取配套措施缓解这样的矛盾。过去的刺激政策容易造成杠杆、效率等方面类似于泡沫的副作用，一个原因是刺激过度，现在这个风险已经减小；另一个原因是宏观经济政策放易收难，归根结底还是因为市场化改革不彻底，该收的时候，财政与央行很难收回来，这就要靠进一步的结构性改革强化市场纪律。

四是加强财政、货币与行业政策之间的协调。过去这方面的问题比较大，现在加强了对经济工作的统一领导，应该更有可能做到不同政策之间相互配合，劲往一处使。

（三）三点短期的政策建议

最后提几点短期的政策建议供参考。

第一，应把追求温和通胀的重要性，提高到与追求中速增长一样的地位。每年全国两会召开时，都会宣布经济增长与通货膨胀的目标，但政府对前者比对后者更加严肃。现在经济易冷难热，如果真的陷入低通胀陷阱，后果会很严重。基于此，建议将 CPI 增长 2%~3% 明确为刚性政策目标。

第二，要加大宏观经济政策的力度，特别是尽快把已经安排好的财政开支落实下去。2023 年，广义的财政开支远远滞后于年初的计划。应该改变"重投资、轻消费"的政策理念，理直气壮地采取支持消费增长的财政手段。

第三，发挥主权信用的作用，修补脆弱点，降低资产负债表风险。当前经济疲软，背后有三个相互关联的因素——缺乏订单、信心不足和资产负债表收缩。当前家户、企业、地方政府和金融机构的资产负债表都面临较大的压力，如果不能及时遏制恶化的趋势，很可能导致严重的后果。可以考虑更好地发挥主权信用的作用，由中央政府承担一定的责任，稳定市场，稳定信心。

中国经济 50 人论坛丛书
Chinese Economists 50 Forum

第四章　新质生产力：思想、理论与战略[①]

刘元春[②]

[①] 本文根据 2024 年 4 月 25 日长安讲坛第 414 期内容整理而成。
[②] 刘元春，中国经济 50 人论坛成员、上海财经大学校长。

非常感谢中国经济50人论坛秘书处安排我又一次来和同学们交流，我上一次来讲的是中国技术创新，这次我讲新质生产力。这两个题目是有一些共同的背景和共同的主题的。当前，社会各界已经把新质生产力炒成了一个热词。通过百度搜索可以看到，目前以"新质生产力"为主题的文章，在以几何级数快速增长。知网查询结果也表明，自2023年9月习近平总书记提出"新质生产力"这个概念起，在不到一年的时间里，学术界正式发表的论文已经有7 000多篇。全国各界热烈讨论新质生产力，就在这样一种浪潮里，习近平总书记敏锐地指出，"因地制宜发展新质生产力……要防止一哄而上"。当然，从学术界来看，尤其是在高校，我们更不能一哄而上，制造学术泡沫。我们需要静下心来，把这个新的概念和新的范畴理解清楚，明了"新质生产力"这个概念的提出到底有什么样的理论意义和实践价值。对于清华学子来讲，把握新质生产力的内涵和战略显得尤为重要。从清华大学的传统历史看，20世纪80年代，经管学院主要聚焦于技术经济学、技术管理学等领域，那时清华大学有一批老教授是研究生产力经济学或者技术经济学的。

我想从以下几个方面对一些基本内容进行梳理，从背景、理论价值和战略举措等方面，谈一谈我自己的看法。

一、准确理解新质生产力的内涵

大家都知道，新质生产力是2023年9月7日习近平总书记在四川、黑龙江等地考察调研的时候提出的。这个概念是与新材料、新能源、先进信息技术等战略性新兴产业相联系的。当时很多人对这个概念感觉陌生，因为大家以往只讲生产力或者先进生产力，而不明白什么是新质生产力。

到了2023年底，特别是在12月中旬召开的中央经济工作会议上，习近平总书记提出："要以科技创新推动产业创新，特别是以颠覆性技术和前沿技术催生新产业、新模式、新动能，发展新质生产力。"大家发现总书记很重视这个概念，要将这个概念上升为我们未来布局、未来战略提升的核心抓手。当然，从理论上讲，只要涉及生产力这个概念，大家就会清晰地体会到这是一个在理论体系中具有基础性、开创性的概念。因为任何一个理论体系，如果没有上升到最基本的理论范畴与最基本的逻辑体系，那么它在学术化、体系化上就难以达到新的高度。习近平经济思想的理论基础是马克思主义政治经济学，生产力范畴就是政治经济学领域最为核心和基础性的理论范畴。新质生产力的提出，无疑蕴含了大量学理上的新想法。

中央经济工作会议重申了新质生产力，激发了学术界对这个理论的高度重视。各种解读文章如潮水一般喷涌而出，但很多解读并不十分准确，甚至出现了误读。为了防止这种现象的泛滥，2024年1月31日，习近平总书记在二十届中共中央政治局第十一次集体学习中，对于新质生产力的内涵和新质生产力的战略体系进行了全面的阐述。

为什么要提出新质生产力这个概念？习近平总书记谈道："我提出新质生产力这个概念和发展新质生产力这个重大任务，主要考虑是：生产力是人类社会发展的根本动力，也是一切社会变迁和政治变革的终极原因。"任何理论与实践，如果不能归结到生产力范畴，就要打一个问号。很多理论和规律，如果不能归结到生产力这个基础范畴之上，其理论构建和思想构建，就难以在体系中具有科学性和对实践的指导性，在学理化、体系化上面，当然也是很不成熟的。

习近平总书记同时提出："高质量发展需要新的生产力理论来指导，而新质生产力已经在实践中形成并展示出对高质量发展的强劲推动力、支撑力，需要我们从理论上进行总结、概括，用以指导新的发展实践。"习近平总书记之所以这样提，更重要的是要在战略上和实践上进行新的布局和深化。可以说，"新质生产力"概念的提出，标志着我们党的思想理论基础以及战略理论基础要往前更进一步。怎样才能更进一步？这个问题可能是我们要考虑的。

习近平总书记对新质生产力的内涵，进行了深入、科学的界定。他继续指出："概括地说，新质生产力是创新起主导作用，摆脱传统经济增长方式、生产力发展路径，具有高科技、高效能、高质量特征，符合新发展理念的先进生产力质态。"这个定义中的定语很多，把定语去掉之后可以看到，新质生产力是"先进生产力质态"，它具有"高科技、高效能、高质量"特征。另外几个关键点在于，它强调创新，并且具有与传统经济增长方式不一样的特征。

理解新质生产力，必须把这个概念放在时代以及我们的战略框架之中，那就是，新质生产力必须在新发展阶段、新发展理念、新发展格局、高质量发展与中国式现代化的框架中进行理解。主导新质生产力的主体和核心力量到底是什么呢？习近平总书记指出："它由技术革命性突破、生产要素创新性配置、产业深度转型升级而催生。"

有人讲，新质生产力概念的提出，只不过是要总结现代生产力发展的一些新规律。这种认识过于泛泛，并不准确。生产力的发展有很多状态，也有很多规律，但新质生产力所瞄准的，不是简单的技术进步、简单的生产要素再配置，也不是产业转型升级问题，而是特指具有革命性、突破性的技术。我们需要深入思考的就是，革命性技术突破有哪些？颠覆性技术突破有哪些？回答这些问题自然就会把我们的关注点聚焦于现在正在发生的第四次技术与产业革命。这可不是简单的技术进步和产业升级，也不是指某一天某一个企业实现了技术进步，或某一天某一个行业进行了新的改革和调整。技术进步应当具有颠覆性，生产性要素要聚焦创新性配置，产业升级要深度转型。

另外，新质生产力必须强化生产力三要素。它不只是讲技术，而是以劳动资料、劳动对象及其优化组合的跃升为基本内涵。按照马克思主义生产力理论三要素，生产力的进步取决于几个方面：一是劳动者基本素质的提升；二是劳动资料，尤其是劳动工具的改进；三是劳动对象扩展；四是三要素组合关系的改进，这种改进有时是线性进步，有时可能是非线性进步。新质生产力对于劳动者、生产技术、劳动对象都有特殊的界定，尤其是对三大要素的新内涵的组合关系有特殊的理解，那就是聚焦于要素组合关系是跃升的，而不是线性变化的。这个跃升实际上是以全要素生产率大幅度提升为核心标志的。所以，这里大家都会谈到，它并不是简单的一般性技术进步、一般的要素配置、一般的产业升级，而是要真正聚焦于一种临界点，一种能够发生质变的状态，以此为基础，总结出一些新的规律和新的要求。

实际上，新质生产力这个概念与我们当下所面临的问题是有关联的。回顾过去的生产力发展状况，我们会发现：技术有没有进步呢？不仅有进步，而且还不错。产业有没有升级呢？有升级，在某种程度上，升级得很好，新兴产业跑得也快。一些资源配置有没有改善？是否出台了改革举措？答案是改革举措都出台了。配置方式有没有调整？都在调。我们还会发现：技术进步在很多方面并不具有颠覆性，也不具有系统性和革命性，难以突破"卡脖子"问题，也难以改变大国博弈中我们在贸易战、技术战、人才战中的谈判地位。此外，各种改革和资源配置的优化，也没有在发展方式和新旧动能转换上实现质变，全要素生产率不仅没有大幅度提升，反而出现了持续下滑。所以新质生产力的发展，不仅要与以前有不同的内涵，也要在改革、技术进步和人力资本提升中有不一样的表现。在这方面我们会看到，对新质生产力内涵的准确把握，实际上暗含了大量的新内容、新标准和新战略。对这些内涵把握不清楚，随时意味着会出新问题。

二、深入把握推动新质生产力发展的战略举措

如何推动新质生产力？主要有以下五大战略举措。

第一，大力推进科技创新。

习近平总书记指出："新质生产力主要由技术革命性突破催生而成。科技创新能够催生新产业、新模式、新动能，是发展新质生产力的核心要素。"没有科技创新，要实现技术的革命性突破是不可能的。一般而言，产业革命要出现，往往要经过以下几个步骤：第一个步骤，基础理论要有突破性的进展；第二个步骤，围绕一些基础理论的核心概念、核心命题和相关体系，涌现大量的研究论文；第三个步骤，这些理论性的论文和观点应开始转化成相应的专利技术，出现一系列的运用研究和实践；第四个步骤，新技术广泛运用，开始全面转化为新的产业和新的模式，进一步形成生产方式的变革。换句话说，就是让这种新的技术真正转化成生产力，最终能够对生产效率产生根本性提升，对于人类生产和生活方式，能够带来革命性变化。

加强科技创新，特别是加强原创性、颠覆性科技创新，对于加快实现高水平科技自立自强十分关键。什么是原创性、颠覆性科技创新呢？目前的体系和战略能不能适应这种原创性、颠覆性科技创新呢？这些是我们要重点研究的。国家全面推行的科教兴国战略、科技强国战略、创新驱动发展战略都明确指出，要以关键工程技术、颠覆性技术的创新为突破口，充分发挥新型举国体制优势，打好关键核心技术攻坚战。

　　到底哪些是颠覆性技术和前沿性技术呢？实际上，不同时期和不同政策文件里既有基础性的共识，也有一些差异。我们国家在"十二五"规划和"十三五"规划中界定了科技前沿和攻关领域的七大领域。我将它们概括为：第一个领域是新一代人工智能，第二个领域是量子信息，第三个领域是集成电路，第四个领域是脑科学与类脑研究，第五个领域是基因与生物技术，第六个领域是临床医学与健康，第七个领域是深空深地深海和极地探测。从"十一五"到"十四五"时期，国家都对这些领域进行了科技规划。在这些科技规划里面，我们会看到国家层面对于很多新技术的理解，是随着时间的变化而不断深化的。当然，我们也要评估，当年在规划这些战略性新兴技术和颠覆性技术的具体领域时，是不是出现了系统性偏误。一些人对现在的举国体系提出很多疑问。其中一个疑问就是，当一个国家接近人类技术创新前沿的时候，由政府主导的创新体系，能否对下一轮技术创新的方向进行预判和甄别。很多人认为，政府不具备这种能力，无法预判和甄别前沿技术的发展方向。原因很简单，原创性技术创新和颠覆性技术创新，往往是超越人类规划的。当然，这种讨论会引发我们思考——在接近技术前沿的时候，如何才能构建与新质生产力相适应的科创体系？在科技从赶超阶段步入并行和引领阶段时，如何鉴别科学和技术有效的发展路径？

历史上，有些国家在基础研究和军事技术发展上取得了伟大成就，但最后却走到"死胡同"里面，苏联就是一个典型。历史上还有一些国家，对于技术研发的方向和轨道的判断出现错误，从而导致整体性研发投入成为沉没成本，而没有成为有效竞争力的基础。这个典型的案例，就是20世纪八九十年代的日本。由于美国对日本半导体战略的干涉，日本在数字技术与模拟技术的选择上出现了偏差，最后选择没有发展前途的模拟技术，日本企业的大量研发支出没有转化成生产力，而成为沉没成本。基于此，当前我们依然要思考如下问题：我们布局的是不是前沿技术？如果是前沿技术，需要哪些新的体系与之匹配？

当然，这些年来，中美技术冲突直接帮助我们对于关键技术和核心技术进行了全面梳理，凡是"卡脖子"的短板技术都是重点关注的技术。同时，第四次产业革命也对什么是前沿技术和未来技术做了很好的标注。很多研究团队在梳理产业短板的基础上，对关键技术进行了四大分类：核心基础零部件、关键基础材料、先进基础工艺、行业技术基础。在这个基础上又进行了行业细分，数量很多，达到了682项。当然，不同团队的研究与梳理结果是不一样的。

我们在解决"卡脖子"问题时，并不是简简单单地要将所有

| 第四章　新质生产力：思想、理论与战略 |

"卡脖子"问题都解决掉，因为任何一个国家在全球化体系中都会存在"卡脖子"问题，不可能在任何技术和任何行业都擅长。但是解决"卡脖子"问题很重要的一个关键，就是有真正的长板来补充短板，从而在国际博弈中掌握谈判力。所以，目前我们不是要在战略上简单进行全面突破，而是要真正研究，在"卡脖子"问题上，能否在具有技术基础的前提下进行重点突破，铸就国际博弈的谈判力。在突破"卡脖子"问题上，我们不宜将战线拉得太长。"十三五"重点布局和"十四五"重点布局不仅有连续性，同时也是有选择性的。

第二，以科技创新推动产业创新。

科技创新是不是就是生产力呢？大家知道，马克思对于科技的强调是无以复加的，他认为科技是生产力发展最核心的力量。在这个基础上，后来专门提出来"科技是第一生产力"这个论断。我们要记住，单一的用于某些特殊目的的技术研发，要想真正改变生产方式、全要素生产率，必须进入经济循环体系中，使科技成为生产要素之一。这里面很重要的一个要素就是：科技创新要转换为产业创新，要转换成可盈利的商业模式，要为原来所有的创新提供强大的经济基础。大家知道，在美苏冷战时期，美国实际上最终通过军备竞赛拖垮了苏联。目前中美之间的博弈，一定要吸取历史的教训。我们要使很多基础研发和军事技术的研发能够转换成民用产品，从而能够成为推动经济发展的产业创新。

美国模式里面很重要的一个方面，就是军工复合体以及军民融合战略的发展。换句话说，美国能够通过科研创新体系使一些基础研发快速用于军事领域，又从军事领域快速形成军民共用，同时支撑整个经济的发展。我们现在看到也知道，美国目前很多民用技术前身都是军用技术，只要这套体系能够很顺畅、低成本地进行衔接，美国的军事科研及技术创新就能够保证经费支出。实际上，我们也在相关方面进行一些突破，发展的核心是我们要重视科技转换成产业创新。

当然，这里面存在很多争论——一些人讲，中国目前的瓶颈问题不是基础研发不够，而是科技的转化力太低。有一个核心指标表明，我们国家的专利申请量很多，但是专利的使用率却很低。有人测算，如果科技转换率能够提高到跟美国差不多，那我们就很厉害了。但是清华有一个校友认为，这个说法是假的，因为这些专利全是假专利。我们不是转换率太低，而是没有可转换的好东西。科技创新还没有夯实基础，导致"巧妇难为无米之炊"。大家会看到一个典型的现象，我们这些年来全面推动科创，全国各个省、市、县都在建设自己的高新技术产业园区和创新园区，但很多地方就没有想过，它根本没有原创性的技术，怎么可能会形成产业创新呢？因此，大家就会看到我们过去十年里面涌现出"PPT（演示文稿）创新"的现象，就是把PPT做好，在PPT上向大家描绘美好蓝图，然后圈地、圈钱、融资，但真正的科技创新却是没有的，到处充斥着虚假创新。这样的情况在过去这些年里比较普遍。

这也是为什么最近我们的资本市场出现了一些压力，其与上市公司质量低下是密切关联的。很多上市公司的质量问题主要体现在没有真正的科技创新产品，也没有真正具有颠覆性和原创性的技术,或者从某种程度来讲,就是没有达到新质生产力水平,仍然还是传统的,甚至只是 PPT 融资和 PPT 创新而已。这样我们欺骗了市场,最后导致投资者用脚投票,并延伸出一系列悲催的后果。

一个主要的结论就是,我们要经过产业创新才能将科技转换成生产力,促进生产效率的提升。它有三大层面:一是培育重大新兴产业,二是布局未来产业,三是改造提升传统产业。主要体现在:新型工业化和制造强国战略、质量强国战略、网络强国战略、数字中国战略,以及农业技术与农业产业的发展战略。在农业方面,很多人想不通,认为农业是夕阳产业,不应当成为战略核心。但实际上这与我们的时代背景有关。第一个背景是,农业技术已经发生了一些革命性变化;第二个背景是,百年未有之大变局带来的地缘政治变化,已经使传统农业中的一部分上升到战略性新兴产业。比如,俄乌冲突导致世界的粮价直线提升 20%,对于当时欧洲的价格影响更为强烈。再比如,疫情期间很多国家停止对外输出粮食,过去 4 年,全球农产品的贸易壁垒升高了 60%,导致粮食进口国价格高企。第三个背景是气候的变化,很多专家预测我们很可能处于气候长周期中对于农业生产不利的阶段。

因此,"粮安天下"就成为战略性问题。破解这个战略性问题的根本方法当然是农业技术创新,特别是基因技术的创新,从而实现农业产业的全面创新。可能也有很多人认为,新质生产力怎么可能是农业技术创新和农业产业升级呢?农业被大家认为是夕阳产业,这实际上是不对的。对于新兴产业与传统产业的划分,以及对于未来产业的界定有一些新变化。

关于产业创新，这里有一个很重要的基本原则，根据对二十大报告的解读，就是坚持把发展经济的着力点放在实体经济上，加快推进制造强国、质量强国建设，促进先进制造业和现代服务业深度融合，强化基础设施支撑的引领作用，构建实体经济、科技创新、现代金融、人力资源协同发展的现代化产业体系。现代化产业体系，是四位一体的产业创新。如果我们梳理对于新兴产业的一些认识，就会看到一些变化，一是2020年《国务院关于加快培育和发展战略性新兴产业的决定》（国发〔2010〕32号）对于战略性新兴产业进行了很好的界定，重点培育和发展节能环保、新一代信息技术、新能源、新材料、新能源汽车等产业。实际上，我们对很多战略性新兴产业的布局已经超过20年了。现在已经取得卓越成就的"新三样"，实际是长达20年的国家战略布局的产物。"十三五"规划对战略性新兴产业进行了界定，并有一些变化，把航空、航天、生物医药、智能制造等领域纳入进来，智能化更为重要。"十四五"规划瞄准人工智能、量子信息、集成电路、生命健康、脑科学、空天科技等新一代的技术，对于这些技术有了更多的界定。2024年政府工作报告又加了一些。基于此，大家可以看到国家目前对于战略性新兴产业是有特定理解的。当然，我们也要明白，如果我们对于战略性新兴产业的理解很正确，目前的这一套体系就会展现出强大的力量。我是"十四五"国家发展规划专家委员会委员，参与了很多这样的讨论，国家是通过集众智来形成国家战略的。

2024年4月，国家发展改革委正式启动"十五五"规划前期研究，要求全国各个相关团队对于"十五五"规划的发展环境、核心任务、实施路径进行全面研究，之后再根据各个部门与团队之间的情况合成。即使如此，真正懂前沿的人也是很少的。同时，对于制造业核心竞争力的提升，即对《中国制造2025》里面规划的制造技术，国家也进行了很多界定。十八大报告、十九大报告和二十大报告对于相应的现代化产业体系的内涵和产业创新的目标，也进行了不同的表述，但有很多具有共性的地方。比如对于战略性新兴产业、基础设施以及新基础设施，都给予了很多界定，从这些方面可以看到中国模式的强大。不是一两句话就能把它说得很透的，但是如果从这些规划的内涵、连续性和我们长期进行的产业创新体系构建来看，就会明白为什么中国这套体系是一个技术赶超绝佳的体系。它会集中体现在动态资源的跨周期配置上面，而不是我们在教科书里面简单理解的静态资源配置的范畴。

对于未来产业的内涵，"十四五"规划进行了界定。2024年政府工作报告也进行了界定。因此，我们会看到很多地方对于未来产业的新赛道进行了一些布局。例如上海市对未来产业的三大赛道进行了全面规划和布局，希望经过10年的奋斗，能够在这些未来产业里面形成若干万亿级的产业群。

第三，着力推进发展方式创新。

发展方式创新很重要的一个特点就是符合新发展理念。新发展理念包含五个维度：创新、协调、绿色、开放、共享。其中绿色是高质量发展的底色，新质生产力本身就是绿色生产力。生产力是从人的视角来把握的，要探究人类系统与自然系统之间的关系，我们必须关心整个人类和星球的安全问题。绿色是可持续和安全的核心。因此，把新质生产力定位在绿色的生产力是十分重要的。

第四，扎实推进体制机制创新。

生产关系必须与生产力发展要求相适应，发展新质生产力，必须进一步全面深化改革，形成与之相适应的新质生产关系。马克思主义唯物史观的第一命题就是生产力决定生产关系，经济基础决定上层建筑。但是要想促进生产力的发展，我们要求生产关系必须适应生产力。生产关系的构建是一个很重要的要素，也是一个能动的要素。同时，比生产关系更为广泛的一个范畴就是上层建筑。也就是政治制度和意识形态与经济制度一样，对于生产力的发展非常重要。因此，利用改革来发展生产力和解放生产力，这是很重要的致命一招与关键一招。

但与新质生产力相适应的生产关系到底是什么呢？新质生产力必须促进很特殊的技术革命性的突破，促进生产要素创新性的配置，同时还要促进产业深度的转型升级。我们在生产关系层面缺什么？遇到了怎样的问题？这是我们要考虑的很重要的问题。比如最近广泛讨论的产能过剩问题，现在已经成了国际贸易摩擦最前沿的问题。欧盟秘书长在讨论这个问题，德国总理也在讨论这个问题。出现大面积的产能过剩，是不是说明现在制度体系与促进新质生产力发展的制度体系存在差距呢？毫无疑问，答案是否定的。一般产能过剩都通过市场价格降价、企业盈利能力下降、企业破产退出等方式来去除产能。但我们看到的是，每隔五年，产能过剩的问题就会掀起一个浪潮，引起广泛的讨论。比如1998年金融危机之后，我们的经济陷入了困境，产能出现过剩，当时进行了结构性改革。

那场结构性改革的核心是抓大放小、精简机构、下岗分流。但是，2013年、2015年又开始新一轮的产能过剩的争论，2015年政府采取了"三去一降一补"的供给侧结构性改革，很重要的工具就是"去产能"，但是"去产能"越去越多。核心原因是什么呢？这需要从生产关系层面来分析。地方政府一拥而上、重复建设的模式，可能带来了极大的挑战。

要想使新质生产力得到发展，生产关系层面要改革的最重要的内容是什么？这涉及二十届三中全会的相关内容。改革标准是什么？目标是什么？路径是什么？理论上，判断这些问题的答案，标准一定是有利于新质生产力的发展。当然，目前在理论和实践上有一些不同的声音。中央专门谈了要深化经济体制和科技体制等改革，着力打通束缚新质生产力的堵点、卡点，建立高标准市场体系，创新生产要素配置方式，让各类优质生产要素向发展新质生产力顺畅流动。2024年4月，国务院印发了新"国九条"——《关于加强监管防范风险推动资本市场高质量发展的若干意见》（国发〔2024〕10号），没过几天，证监会又出台了一个条例，要求证券市场必须促进高技术创新，这些都在落实发展新质生产力的要求。

第五，深化人才工作机制创新。

新质生产力的发展不是简单归结为技术要素，也不是简单等价于技术创新或产业创新。生产力最为活跃的要素是人，最为关键的要素当然是科技，而这两者最为基础的肯定是教育。所以，二十大报告将科技、教育、人才三位一体作为发展的基本战略，并列为核心纲领进行强调。实际上，发展新质生产力是一个久久为功的大工程，需要从科技、教育、人才三位一体的角度打下坚实的基础。

我们要率先完成的强国目标是教育强国，它具有战略性、先导性、基础性。2035年要率先实现教育强国，教育部积极制定了教育强国行动纲要（2025年1月，中共中央、国务院正式印发《教育强国建设规划纲要（2024—2035年）》）。为什么要把人才工作机制创新单列出来？原因就是它与新质生产力密切相关。因此我们要促进新质生产力战略，必须进行以下几项工作：一是科创，二是产业升级，三是构建新型生产关系，四是建设科技、人才、教育三位一体的新机制。这四个维度很清晰。

这些论述阐明了新质生产力的内涵，是马克思主义中国化时代化的最新发展，是对当代科技革命和产业革命的科学总结，是21世纪马克思主义经济学发展的新范畴，它为习近平经济思想的深化和学理化提供了基石，不仅说明了新质生产力的定义、内涵和特征，同时也回答了为什么要提出新质生产力，以及如何有效发展新质生产力等科学问题，为我国高质量发展、中国式现代化提出了战略性新指引。

三、新质生产力理论提出的时代背景

事实上，我们要想深入理解这个问题，一定要把时代背景把握清楚，把它的逻辑体系把握清楚。

第一个时代背景，新一轮科技革命和产业革命加速演进，重大前沿技术和颠覆性技术持续涌现，科技创新和产业发展的融合不断加深，催生新的发展方向，大力培育未来产业已成为引领科技进步、带动产业升级、开辟新赛道、塑造新质生产力的战略选择。

我们正处于新一轮科技革命和产业革命爆发的时点。这个时点有一些特殊性，其中之一就是新一轮产业革命可能已经到来。一般认为，第一次工业革命是以机械化为主，以蒸汽机为标志。第二次工业革命是以电气化为主，以内燃机等为标志。第三次工业革命是以信息化为主，与计算机的诞生密切关联。第四次产业革命不仅是信息化，更重要的是智能化。这个智能化对于技术演进的规律、生产力演进规律都有哪些挑战呢？我们需要掌握一些新知识，因为如果仍按照一些旧的模式，可能把握不住这一轮技术革命的新规律。

很多人谈到了第四次产业革命的特殊之处。产业革命实际上就是对人类发展能力的延伸，这个能力是人类征服自然和改造自然的能力，再进一步说，就是能量转换成能力的方法。我们认识到：第一次工业革命是蒸汽机延伸了人类的双手；第二次工业革命是电力、内燃机及汽车、飞机等延伸了人类的双脚；第三次工业革命是半导体、计算机、互联网延伸了人类的感观，特别是信息网络；第四次产业革命是人工智能、生物医药、量子科技、先进通信、绿色能源等延伸了人类的大脑，改变了知识创造的路径。可以看出，第四次产业革命具有前三次工业革命不一样的路径特点、不一样的组织冲击能力和伦理道德的冲击能力。因此，我们不能简单延续前三次科技革命作用于技术体系、生产方式、法律制度等的规律。

若想很好地迎接第四次产业革命，不创新原来的思维方式肯定是不可行的。有人讲到了另外一种观点，那就是多元论。也就是说，第四次产业革命和技术革命可能并不像大家所理解的那样。从5G到物联网，从网络神经深度学习到生成式AI，从虚拟现实、扩张现实、混合现实、远程呈现到元宇宙，从生物技术到生物制造，从高速列车到真空管道磁悬浮，这些内容不是单一的。还有一个说法就是，第四次产业革命是具有颠覆性、能源性的革命。这涉及生产方式的革命、社会组织的革命、生命方式的革命、知识生产的革命，还有生存方式的革命，即有关个人与安全的革命。我们很可能面临着人类生产力发展的新阶段。

新阶段有很多新特征。第一个特征是跨界融合，也就是说这一次革命不是仅限于单一技术领域的革命。我们从AI领域和信息技术领域的几位领军者身上看到，他们讨论问题时并不是对单一维度进行思考。马斯克讲，AI革命最终是能源革命；还有人讲，比AI更厉害的技术是生物技术。这些人在技术领域都是引领性的领袖级人物，他们给很多学生的建议是不要选计算机专业，应当选生物技术专业。第二个特征是快速发展，它是相对于传统的线性发展。目前关于摩尔定律是否失灵并且已经呈现出新规律，爆发了一场新的争论。但是AI在学习速度和未来表现提升方面，已经远远超出了以往的一些基本原则。第三个特征是绿色可持续，第四个特征是万物互联，第五个特征是定制化和智能化连接，第六个特征是数字驱动与知识革命，第七个特征是颠覆性的社会变革。AI如果是一种顶级的创新工具，那么人类结构将会发生巨大变化。更不可思议的是脑机对接，生物制造如果成功了，各种器官都可以换了，大脑内存升级直接可以输进去了，原来科幻所讲的半人半神的新体系就出现了！这种体系的出现会使人类社会结构怎样变革呢？实际上这是很复杂的。有人讲，可能出现一个超智商、超财富的超级独裁者的统治体系。这就有可能实现柏拉图在理想国所构思的"哲学王"，这个哲学王通过脑子升级最快、掌握的财富最多来支配其他的力量来进行创新，同时又能控制创新来为自己的大脑提供全面的升级，进一步拉开智力和能力的差距，这就是哲学王！很多不可想象的东西被创造出来。

第四次产业革命对于生产力发展规律、未来生产关系、社会组织的冲击具有不确定性。我们应当用全新的视角和理念来处理这种不确定性，而不是按照一种传统的管理模式、哲学模式进行思考。从目前的技术周期理论来看，我们目前正处于技术周期转折点，而不是原来预计的导入期。从2008年金融危机到现在，这十几年已经孕育出一个新的导入期，迈入新的技术周期的拓展期。拓展期是最具有革命性的，我们目前已进入一个超级时代。

习近平总书记在面临这些问题的时候进行了更为深刻的思考。2013年3月4日，他在参加全国政协十二届一次会议科协、科技界委员联组讨论时指出："历史事实表明，经济大国不等于经济强国。一个国家长期落后归根到底是由于技术落后，而不取决于经济规模大小。"更为重要的是，从历史上看，每一次科技和产业革命都会带来新的历史机遇，都会有国家抓住机遇，实现综合国力的迅速增强，甚至一跃成为世界强国。也就是说，后进国家要赶超先进国家，从历史角度来看，在技术没有发生变革的时候是难以实现的。一个恰当的比喻就是，汽车在公路上行驶，单一轨道和平稳行驶时能够实现超车吗？很难！往往是在大变革时代，上一轮技术被新一轮技术全面替代的过程中间，可以超越上一代技术一些薄弱的环节，进入一个新的赛道中。这个认识很重要。也就是说，技术革命往往会提供大国跃升的机遇。

新一轮的科技革命和产业革命与我国加快转变经济发展方式形成了历史的交汇。新一轮的产业革命和工业革命与大国崛起、实现民族复兴也形成了一个交汇点。我们判断，如果在第四次产业革命和技术革命过程中抓住这样的时点，引领新的AI时代与智能化时代，我们就一定能弯道超车，实现现代化强国和民族复兴。所以，如果我们不领会这一轮技术革命所带来的战略性契机，以及新一轮技术的新特征，就很有可能无法完成民族复兴的梦想。因此，我们必须以新质生产力为核心，抓住第四轮产业革命的关键。刚才讲的新质生产力，不是指一般的技术进步和普通产业升级，而是指技术革命实现弯道超车，推出一些颠覆性科学技术。

第二个时代背景，我们已经具有发展新质生产力的基础条件和成功发展新质生产力的经验。

通过过去40多年改革开放的积累，尤其是通过新时期的布局，我们已经在基础研发、新兴产业、新模式、新要素的布局上取得了很好的成绩。同时，我们也具备了能与美国进行竞争的第四次产业革命的基础要件。

第一，大市场需要大创新，也能孕育大创新。小国是很难做到这一点的。目前，中国大量的企业已经进入必须创新的新阶段。

第二，在人力资源方面，我国中高端人才红利逐步显现。2014

年，全国有324.7万研发人员；2022年提高到635.4万人，稳居世界首位。同时，入选世界级科学家的数量，从2014年的110人增长到2022年的1 169人，位居世界第二。有很多数据证明我们在各个领域都有十分优秀的专业人士。

第三，在产业装备和产业链配套方面，我国有十分雄厚的力量。我国产业链全，在规模和结构等方面做得很好。

第四，最为关键的是，中国制造开始全面向中国创造转变，同时还拥抱了科创所需要的金融支持。在经济总量方面，我们进一步巩固了第二大经济体的地位。当然，在这方面，近几年有不同的看法，特别是2023年我们按美元所测算的名义GDP下降了0.15%。很多人由此就讲，我们出问题了。其实这主要是汇率和物价因素所导致的。如果按照不变的价格测算，我们目前整体增长速度以及规模依然要比美国好得多。如果按照2023年购买力平价来算，中国大陆GDP是33.01万亿美元，而美国是27.37万亿美元。这就是说中美之间的关系要从多角度来看。按照现价的汇率测算，我们近期的确不及美国，这是需要高度重视的。

同时，在一些特殊时点，大国综合竞争能力和对抗能力可能并不完全取决于现有GDP的规模。美国的战略专家认为，中国购买力的平价大大超越美国，以及剔除通货膨胀，中国增长快于美国，这一直是美国霸权体系持续的挑战。我们在国内没有很好地宣传这些，从而导致很多人对于近两年的经济状况有点悲观。如果转换一些视角来看则会更好。在制造业方面，我国产量已经达到整个世界的32%，高居世界第一。更为重要的一个方面就是，2023年汽车生产世界第一，出口世界第一，造船已经连续5年世界第一。这都是非常重要的基本参数。

在这里面，我们还会看到中国制造开始转向中国创造的一些基础参数。有人说我们有些专利是假专利，水分很多。但是大家要记住，原来有水分的数据都没超过人家。另一个重要指标就是论文产出，各个大学考评体系已经不考评SCI（科学引文索引）和SSCI（社会科学引文索引）了，我们要激励大家真的有创新，而不是简单以论文来充数。所以，我们可以看到，我们在研发强度、创新指标体系以及科创板领域都有十分迅猛的发展。

我们目前在金融体系短期风险上面还显薄弱，但是衡量一个民族的关键是新"三驾马车"，而不是原来讲的旧"三驾马车"。出口、投资、消费是短期数量，难以反映一个大国的真正实力。每一个民族都会经历很多灾难，美国每30年经历一次超级债务危机，每20年经历一次房地产危机，每10年经历一次金融危机。但是谁会因为美国出现了周期性危机，就得出美国崩溃了的结论呢？那是不会的。我们看到的是它的基础研发、产业升级能力，看到的是科创金融体系把有限的资源更快、更好地集中在基础研发和产业升级之上。基础研发、产业升级、科创金融，这三项指标是反映一个国家核心实力的新"三驾马车"。

从上面这些角度可以发现，目前的确正在发生一些我们自己还没有感受到的变化，但我们的竞争者却对这些变化感受明显。在AI研究领域，中国并未处于大家想象中的落后位置。比如AI领域的高被引论文数量，中国已经大大超过美国。同时，在上市公司持有的专利数量方面，腾讯占第一，然后是百度。近几年，中国在"新三样"领域的突破，表明了中国在战略性新兴产业发展方面已经走出一条新路。2023年，我们"新三样"合计出口1.06万亿元。无论是美国财政部长耶伦，还是欧洲代表，他们来到中国都会对"新三样"的新现象表示高度关注。我们一定要清楚，新兴产业领域的产能过剩，实际上蕴含一种新的产能模式——光伏、风能设备、新能源汽车的成本下降大大超出很多人的预期，但成本下降来自技术创新和规模经济，而不是简单依靠自己压低自己的价格。2023年，一些太阳能组件的价格下降得非常快，超过了50%。之所以这么快，主要原因不仅在于激烈的竞争，更多还是体现了商业模式和技术的进步，以及支撑科技创新的强大的金融体系。

第三个时代背景，中美大国博弈进入关键期，高新技术冲突和对未来技术革命的引领，要求我们对于发展新质生产力要有更为体系化和学理化的认识。

中美大国博弈从2014年奥巴马政府实施"重返亚太战略"之后就成为事实。2015年，布鲁金斯智库年会上提出"遏制中国"，之后发生了中兴事件、华为事件和报复性关税。从2014年到2024年已经整整10年，现在中美冲突已经进入一个新阶段。这个时候应该怎么做？我们应该看到，与世界相比，我们还有很多短板。展望下一阶段的博弈，如果我们不能在一些方面实现突破，结果可能会很麻烦。

从欧美角度来看，美国实施"小院高墙"等战略，将产生持续性的遏制力。但是，美国所推进的再工业化、近岸外包和离岸外包必须要有新的商业模式，才能具有可竞争性。美国产业链回归和供应链再造必须面对中国强大的出口竞争力。美国智库经过深入评估发现，补贴的新兴产业由于成本太高卖不掉而不具有竞争力，原因在于中国技术创新和各类成本产生的价格效应太强烈了。耶伦来中国讨论产能过剩问题，在某种程度上标志着我们的战略性新兴产业已经走出一种新模式，在这样的博弈中间开始探索出一条新路。美国的"小院高墙"无论怎么样，它所布局的产业链和技术链是否具有可竞争性，在未来两三年后，当它所有的补贴都用光了的时候，一定会有结果。而对于我们来讲，就要高度重视了。换句话说，我们的成本优势能不能在技术进步，尤其是颠覆性技术上，取得更为坚实的基础。大家看到美国商务部工业和安全局实体清单针对中国高新技术关键领域进行遏制，这个名单很长。另外，大家还会看到中美在研发上的比较，我们在基础研发上只占到百分之五点几，美国的基础研发占到了16%，美国基础研发的强大实力一直是我们难以比肩的。因此，"十四五"规划里就有一个指标，基础研发占总体研发支出的比重超过8%。即使超过8%，也只有美国研发强度和支出强度的一半。我们的劳动生产效率与美国相比差很远，仅仅比印度高一点，如果我们能够提升到日本这样的水平，那就了不得了。

中国的研发强度和近期投入实际上与美国还有很大的差距。虽然我们已经很努力达到GDP的2.5%，而美国为3.5%。从近几年研发强度的增幅可以看到，以色列的增长最明显，美国增幅也比我们高。我们与欧洲差不多，但美国新一轮的投资规模量很大。还有一个重要的信息，美国AI企业占比达到了34%，中国只有15%。我们在 AI 的发展速度上反而相对落后于美国，这一点也要反思。

谁赢得了第四次产业革命和技术革命，谁就能够建立新质生产力，发展新的体系，在这一场大国博弈中取得胜利，这当然是非常关键的问题。

第四个时代背景，中国目前正处于跨越中等收入陷阱、全面建成社会主义现代化强国、推进中国式现代化的关键时期。发展新质生产力是我们走出短期困局，成功迈向高质量发展，如期实现中国式现代化的关键。

很多人讲，走出困局有两种方式：第一种是改革走出困局，第二种是技术革命走出困局。1933 年美国大萧条时，很多人认为技术革命是解决危机很重要的一个药方，但是经济学家的研究表明，罗斯福新政并没有让美国走出危机，美国实际上通过二战带来了大量大规模生产和大规模现代技术的运用，从而走出了这个长期停滞的状况。

目前，我们也面临这样的困局。很多人主张在改革以及技术的双重作用下走出困局，这对于我们的经济体系是适用的。我们最近处于跨越中等收入陷阱的关键时期，"最后一公里"往往是最艰难的一公里。我们的人均 GDP 基本上达到 1.2 万美元，现在高收入国家的门槛是 1.35 万美元。就差 1 000 多美元，就可以进入高收入国家行列。实现 1 000 多美元的增长，可以通过人民币升值 10% 来完成。要完成 2035 年远景目标，相关的测算表明，从 2020 年到 2035 年，实际 GDP 的增长速度要达到年均 4.83%。我们过去 4 年的平均增长速度是 4.6%，没有达标。这意味着下一步的增长必须更快，综合国力、经济技术再上一个台阶，否则这个翻一番的目标是很困难的。

再则，我们的TFP（全要素生产率）下降得很快，不仅人口红利、资本红利在下降，制度红利、改革红利下降得更快。目前的测算表明，到2013年左右，TFP的贡献度是负的，也就是说制度成了拖累。这是国际货币基金组织的测算，未来全世界的TFP都在下降，IMF测算我们的TFP下降得更厉害。全球化红利、工业化红利、人口红利、改革红利进入递减期，我们需要重视。我们需要新的动能，而这个新动能一方面来自新一轮大变革，构建第二轮的改革红利；另一方面来自我们通过教育、科技、人才、产业创新所构建的新质生产力红利。各项改革与战略是否成功，主要取决于新质生产力是否已形成，TFP有没有根本性提升。可以看到，美国各行各业的劳动生产率提高得很快，但是70%的劳动生产效率提升，是与数字化应用相关联的。大家看IMF最近的测算，人工智能对于各种要素的终期影响是根本性的。

这是我刚才讲的背景，我把这个背景讲完之后，大家可能觉得新质生产力的提出不是那么简单。它暗含了我们对于时代的理解，对于战略的再布局，当然也是对于理论的再深化。

四、新质生产力的理论体系及其理论价值

第一，新质生产力这一重要论断，是对于马克思主义生产力理论的创新和发展。

第四章 新质生产力：思想、理论与战略

马克思主义生产力理论的发展分成几个阶段。第一个阶段是1845年马克思对李斯特的生产力理论进行评价。李斯特的生产力理论是针对大国竞争与德国崛起而谈的，他提出国家的崛起和大国之间的博弈一定要从技术生产力的角度来考虑。美国目前布局发生巨大变化，原因很简单，大国之间的较量一定要回到这个上面来。美国产业政策开始全面回归。美国在20世纪末是羞于谈产业政策的，它认为产业政策都是失败的。但是美国国务卿专门介绍了美国的六字方针——竞争、合作、遏制。其中，"竞争"要求美国要采取与之相关的政策，抛弃过去的自由放任，采取补贴与关税政策，来保证美国在先进技术上保持领先地位和新兴产业全面可控的地位。美国的产业政策现在很明确，《芯片与科学法案》《通货膨胀削减法案》《基础设施投资与就业法案》已经全面运用产业政策，美国学者也回归基本点来进行战略构建。

第二个阶段是马克思的历史形态理论对于生产力进行了全面认识。他通过对历史形态的研究，在《德意志意识形态》中形成了比较完善的生产力理论体系，在历史唯物主义、辩证唯物主义、《共产党宣言》、《资本论》中，都用这个原理来分析社会变迁规律。很多人认为，马克思不谈生产力，只谈生产关系和生产方式，这种认识是错误的。马克思主义的理论创新是要回归生产力之上的。

第三个阶段是马克思晚年对于生产力发展的思考。马克思晚年有一个很重要的理论，那就是"跨越卡夫丁峡谷"理论——落后国家如何才能长驱直入，进入社会主义和共产主义？这个问题隐含了一个重要的命题，即落后国家即使可以直接进入社会主义社会，但

该国家的科学技术进步是否可以出现跨越式发展，从而直接达到发达生产力的阶段呢？换句话说，生产力的发展是否具有这种间断式的能力跨越？这些命题对于现实社会主义运动十分重要。第一个系统研究这个问题的就是列宁同志，他认为社会主义可以在俄国这样落后的国家实现，不是在帝国主义最发达的部分实现社会主义革命，而是在帝国主义最薄弱的环节进行突破，社会主义革命不是《共产党宣言》里面所讲的全球同步爆发，而是有先后顺序的。现实社会主义很可能和资本主义社会有一个并存的时期，该时期可能还很长。如果大家学政治经济学，你会知道目前很多讨论，包括新发展阶段之后的阶段是什么，中国下一步的社会分期是什么，初级阶段的本质是什么等问题，都暗含在此类理论讨论之中。

很多经典社会主义理论提出了很多设想和理论构建，但理论最为重要的功能是解决现实问题。我们若要回归中国的现实，怎么回归呢？邓小平同志提出把这些问题和范畴回归生产力上，实现了对理论的新突破和新构建。首先界定我们是不发达的国家，从制度与生产关系层面回归生产力层面。其次提出社会主义本质理论——社会主义的本质是解放生产力、发展生产力，这是社会主义初级阶段理论得以产生和构建的根本原因。习近平总书记为什么要对"新发展阶段"进行十分重要的界定呢？不界定好分期，一定难以进行战略任务和内涵的规划。我们处于什么阶段，是由主要矛盾决定的，而主要矛盾的核心内容和基础是什么？答案是生产力与生产关系的水平及其之间的关系，而生产力发展的状态是首要的参数。因此，在实践中回归现实建设，很重要的一个环节就是必须回归生产力这个层面。如果要进行理论创新，也必须认识到这个层面才能创新，否则构建的理论是经不住意识形态冲击的。

习近平总书记提出"新质生产力"这个概念，在学理化和体系化上更上一个台阶，为中国式现代化在理论构建、战略构建上进行了概念性的铺垫。中国特色社会主义政治经济学理论体系为什么能成立？回答这个问题需要思考它的出发点，回归唯物史观最为基础的范畴之上，才能走出"就生产关系谈生产关系"的理论困局。只有正视现实社会主义运动是在极其不发达国家中产生的这个前提，我们才能把社会主义的本质归结为解放生产力、发展生产力，也才能把市场资源配置作为有效发展生产力的手段，纳入中国特色社会主义理论体系中来。因此，新质生产力的提出具有学术术语革命的特质，可以成为构建 21 世纪马克思主义政治经济学新体系的基石，可以为习近平经济思想的学理化、全面推进 21 世纪马克思主义经济学提供基本的新范畴。我们一定要从革命的理论创新回到原点，形成适合现实社会主义运动的新的理论体系，才能真正用理论创新引领实践创新，否则很多理论往往会成为约束现实行动的枷锁。这也是基于马克思的思想，理论如果不能反映实践与现实，就会成为社会发展的约束。

生产力理论有极其重要的地位。从逻辑关系上看，生产力是马克思唯物史观的重要支撑，体现在"生产力决定生产关系，经济基础决定上层建筑"的观点之上。另外，马克思主义生产力理论是马克思主义经济思想的基石。列宁曾经指出，"只有把社会关系归结于生产关系，把生产关系归结于生产力的水平，才能有可靠的根据把社会形态的发展看作自然历史过程"。

第二，新质生产力是马克思主义生产力理论在当代中国的新发展，实现了马克思主义中国化时代化，奠定了习近平经济思想的理论基础，是习近平经济思想学理化十分重要的里程碑。

因此，这就要求我们必须全面重视中国实践创新的新规律和科技创新的新规律。新质生产力对于马克思主义生产力理论的发展，体现在哪些方面呢？一是科技是生产力。从"科技是第一生产力"推进到"通过科技创新实现生产力能级跃升"，深化了马克思主义生产力构成理论。二是将生产力的内涵从"人改造自然的能力"推进到"人与自然和谐共生的能力"，赋予马克思主义生产力范畴新的生态内涵。三是从主要通过移植国外技术发展生产力，推进到主要通过科技自主创新发展生产力，特别是对于生产力跃升，创新发展马克思主义发展生产力跨越式跃升理论。四是对于第四次产业与技术革命的前瞻性研究，提出新阶段新时期后进国家赶超发达国家、实现生产力跃升的新规律。

五、新质生产力的战略设计

战略设计很重要的一个思考是，国家围绕科技创新、战略性新兴产业、未来产业、新型工业化、制造强国、教育强国等战略进行了持续布局，取得了很多成果。对于下一步创新驱动，为什么还要提出"新质生产力"概念呢？我们是否需要用一个新概念，把原来提出的这些战略，进行全面整合和全面提升呢？也就是说，我们是否需要用"新质生产力"这个概念和战略,重新对上述战略进行梳理、深化和重构呢?

值得注意的是,新质生产力是"十五五"规划的核心主题。很多人难以理解,为什么现在要大力学习这个概念呢?答案是2025年将制定"十五五"规划,我们需要新概念来统领新规划。"十三五"规划的主题是新发展理念,"十四五"规划的主题是推动高质量发展,"十五五"规划的核心主题是什么呢?这里有一个伏笔。

国家发展改革委主任最近谈到了这个伏笔。他讲,发展新质生产力是关系全局的长远大事,要把新质生产力作为"十五五"规划基本思路的研究重点,在谋划"十五五"经济社会发展主要目标、重要战略任务、重大改革举措、重大工程项目时,充分考虑发展新质生产力的实践要求。习近平总书记提出的五个战略布局,毫无疑问是下一步"十五五"规划很重要的遵循原则。但是具体怎么弄,不像很多人所讲"好像是现成的"。这需要我们深入研究和谋划全面促进新质生产力发展的战略举措。因此我们在学习新质生产力这个概念的时候,特别是在下一步的实践过程中,需要进一步深化和完善这个理论。

中国经济 50 人论坛丛书
Chinese Economists 50 Forum

第五章 健全以新质生产力推进高质量发展的体制机制[①]

黄群慧[②]

[①] 本文根据 2024 年 10 月 17 日长安讲坛第 417 期内容整理而成。
[②] 黄群慧，中国经济 50 人论坛特邀专家、全国政协委员、中国社会科学院经济研究所研究员。

我很高兴来到长安讲坛，就学习党的二十届三中全会精神的一点体会跟大家交流。

自2023年9月习近平总书记首次公开提出新质生产力的概念以来，新质生产力一直是一个热词，学界也围绕新质生产力进行了大量的研究和阐述。二十届三中全会提出"健全因地制宜发展新质生产力体制机制"，指出要"加强关键共性技术、前沿引领技术、现代工程技术、颠覆性技术创新，加强新领域新赛道制度供给，建立未来产业投入增长机制，完善推动新一代信息技术、人工智能、航空航天、新能源、新材料、高端装备、生物医药、量子科技等战略性产业发展政策和治理体系，引导新兴产业健康有序发展。以国家标准提升引领传统产业优化升级，支持企业用数智技术、绿色技术改造提升传统产业。强化环保、安全等制度约束"。接下来，我围绕新质生产力的内涵、新质生产力与高质量发展、新质生产力与现代化产业体系，以及健全新质生产力发展的体制机制谈一些认识。

一、如何理解新质生产力的深刻内涵

什么是新质生产力呢？在2024年1月31日召开的二十届中共中央政治局第十一次集体学习中，习近平总书记对新质生产力的概念作出重要论述："概括地说，新质生产力是创新起主导作用，摆脱传统经济增长方式、生产力发展路径，具有高科技、高效能、高质量特征，符合新发展理念的先进生产力质态。它由技术革命性突破、生产要素创新性配置、产业深度转型升级而催生，以劳动者、劳动资料、劳动对象及其优化组合的跃升为基本内涵，以全要素生产率大幅提升为核心标志，特点是创新，关键在质优，本质是先进生产力。"这个对新质生产力概念的重要论述，是马克思主义中国化时代化的最新成果，以马克思主义政治经济学为指导，同时包括创新经济学、演化经济学、宏观经济学等现代经济学的多个理论内涵。

习近平总书记这个重要论述的第一句话说，"新质生产力是创新起主导作用，摆脱传统经济增长方式、生产力发展路径，具有高科技、高效能、高质量特征，符合新发展理念的先进生产力质态"。需要特别强调指出的是，这意味着新质生产力不仅是一般的先进生产力或者现代生产力、新型生产力，而且是符合新发展理念，即创新、协调、绿色、开放、共享五大发展理念的先进生产力。举个例子,现在有些地方把无人驾驶引入出租车行业,无人驾驶可以是先进生产力,但未必是新质生产力,如果无人驾驶进入出租车行业而产生就业替代,且没有很好的解决方案,从某种角度来说,这是创新发展、先进生产力,但没有考虑到共享发展,所以不能算作全面贯彻新发展理念,并不符合新质生产力的要求。

习近平总书记重要论述的第二句话说,新质生产力"由技术革命性突破、生产要素创新性配置、产业深度转型升级而催生,以劳动者、劳动资料、劳动对象及其优化组合的跃升为基本内涵,以全要素生产率大幅提升为核心标志,特点是创新,关键在质优,本质是先进生产力"。这指明了新质生产力的产生过程、内涵和衡量标志,意味着新质生产力实现质的飞跃一定是来自科技革命和产业变革。首先是科学技术的革命性突破,由此带来劳动力、劳动资料和劳动对象的创新性配置,产生大量新部门,推动传统产业部门转型升级,最终表现为提升全要素生产率。生产力是人类改造自然、利用自然、促进人类全面发展的能力,但是这种能力真正落到经济上,一定是生产率的提升。按照马克思主义政治经济学,劳动者、劳动资料和劳动对象三要素是生产力的基本内涵,新质生产力对应的应该是新型劳动者、新型劳动资料和新型劳动对象,以及这些要素的重新优化组合,最终以全要素生产率提升为标志。第二句话的内涵十分深刻。

可以说,新质生产力理论是习近平经济思想的丰富和深化。新时代以来,以习近平同志为核心的党中央,对国内外经济形势、基本经济国情和经济发展阶段进行科学判断,对经济发展理念和思路进行及时调整，提出了一系列新理念新思想新战略，从理论和实践相结合上，系统回答了新时代中国经济发展和现代化建设的一系列重大问题，深化了对经济现代化规律的认识，在实际中形成并还在不断丰富发展。习近平总书记一直重视生产力解放和发展，他在2013年11月中共十八届三中全会第二次全体会议上的讲话中指出："全面建成小康社会，实现社会主义现代化，实现中华民族伟大复兴，最根本最紧迫的任务还是进一步解放和发展社会生产力。"解放生产力的要求，对应的是强调全面深化改革、推进深层次改革和高水平开放的重大战略方针；发展生产力的要求，对应的是提出创新是第一动力、把创新驱动发展战略作为国家重大战略的基本内容。习近平总书记在生产力理论创新方面，提出了保护生产力理论，把生态文明纳入"五位一体"总体布局，提出"绿水青山就是金山银山""保护生态环境就是保护生产力"等重要论断。以前是经济、政治、社会、文化四位一体，在进入新时代之后，把生态文明也加进来，形成五位一体总体布局，这是生产力理论的重大突破。生产力和生产关系是马克思主义政治经济学的基础范畴，而新质生产力是习近平经济思想的重要基础范畴。既然新质生产力是符合新发展理念的先进生产力质态，而符合新发展理念的发展是高质量发展，那么发展新质生产力就是高质量发展的内在要求和重要着力点。新质生产力和高质量发展联系在一起，无疑构成了习近平经济思想的重要内涵。

理解新质生产力的本质是先进生产力，需要从工业革命视角分析。马克思指出："正是由于这种工业革命，人的劳动生产力才达到了相当高的水平。"两次工业革命建立了现代工业体系，带来了人类现代社会。工业革命具有伟大的意义，人类历史可以简单以工业革命为分水岭，划分为工业革命前和工业革命后。在工业革命之前的几千年，由于劳动生产力水平低，人类社会陷入"马尔萨斯陷阱"，生活资料无法维护自身发展。工业革命之后，生产力水平大幅度提升，进入现代经济增长阶段，人类社会才有能力养活当今80亿人口。工业革命推动生产力发展，带来生产率提升，这个过程是怎么发生的呢？

这个基本逻辑是：由共性技术或者使能技术突破，带来动力、能源、原料和工具革命，产生大量新部门，包括基础设施的革命性变化，进而带来技术经济范式革命，生产组织方式发生质变，整个产业体系的现代化水平提升，最终大幅提高生产力水平。第一次工业革命标志性的技术发明是水力机械化和蒸汽机械化，动力问题解决之后，产生一大批通用性劳动资料（工具），如蒸汽机、轮船等，然后需要大量基础设施来支撑，如蒸汽动力铁路、电缆等，由此引发生产组织方式的变革，产生了现代工厂的生产组织方式。第二次工业革命也是如此，电气化时代和摩托化时代相继到来，通用性劳动资料（工具）发生革命性变化，铁路、航空和高速公路等基础设施应运而生，泰勒制、福特制等生产组织方式产生并发展。

20世纪50年代以来，以信息化、绿色化、融合化为主要趋势的新一轮科技革命和产业变革逐步孕育，进入21世纪，这一趋势加速演化。与以往不同的是，英特尔处理器、芯片等通用性技术的革命性变化，带来了信息化、数字化、智能化时代，基础设施不再是铁路、公路、机场，而是变成信息高速、大模型、物联网、区块链、算力网等。同时，生产制造过程要求越来越绿色低碳，以低碳为主要目标的新能源技术、绿色制造技术成为通用性技术。生产组织方式也发生变化，以前流水线生产强调规模经济，现在变成精益生产、柔性生产、平台制，强调的是范围经济。如果说前两次工业革命主要是通过机器替代人的体力劳动，提高生产率水平进而带来生产力质变，那么这一次就是通过机器替代人的脑力劳动，提高生产率水平进而带来生产力质变，产生了新质生产力。

这里需要强调的是，生产力发展一定是以产业发展为载体的，产业是科技的载体或者生产力的载体。传统的产业体系分为第一产业、第二产业、第三产业，在新质生产力的话语体系下，产业体系相对应的为未来产业、战略性新兴产业和传统产业，这是基于技术成熟度来划分的。未来产业最不成熟，其技术处于萌芽期，存在技术颠覆性、路径不确定性等一系列风险，比如元宇宙、脑机接口、量子信息、人形机器人、生成式人工智能、生物制造等。虽然技术不成熟，但是未来竞争（包括国家竞争、产业竞争和企业竞争）的制高点需要大量的风险投入，甚至可能在资本市场上形成泡沫。由于技术路径可能存在颠覆性，如果一条更具竞争力的新技术路径产生，原有技术路径的人力、物力和财力的投入都会归零，所以就会有资本泡沫的破灭。经过大浪淘沙般的筛选，确定一个可商业化、市场化、产业化的路径，形成一个新兴产业，按照投入期、成长期、成熟期来发展。由于技术颠覆性和路径不确定性，未来产业投入的风险很大，但又需要大量的投入。基于此，二十届三中全会提

第五章 健全以新质生产力推进高质量发展的体制机制

出"建立未来产业投入增长机制"。

战略性新兴产业是指在整个产业体系中具有前向和后向的关联度、战略意义重大的新兴产业。这些年我们一直在发展战略性新兴产业，各个地方都在通过产业政策推动。现在有的地方存在一哄而上、不基于资源禀赋、通过内卷式招商引资发展战略性新兴产业的情况，所以提出"因地制宜"发展新质生产力，就是要求各地坚持从实际出发，先立后破、因地制宜、分类指导，根据本地的资源禀赋、产业基础、科研条件等有选择地发展。基于此，二十届三中全会针对战略性新兴产业提出的是完善"战略性产业发展政策和治理体系，引导新兴产业健康有序发展"。

对于新质生产力的发展，刚开始大家更多关注未来产业和战略性新兴产业，实际上整个产业体系中占较大比重的还是传统产业，产值大概占到80%。这些年新兴产业发展得很快，每年增幅比平均产业增长高2~3个百分点，到2023年，战略性新兴产业在GDP中的占比也就13%左右。新质生产力发展的重点是用新一轮科技革命和产业变革的新技术，包括绿色化技术、数字化技术去赋能传统产业。如何推进传统产业的数智化改造、绿色化转型，需要有一个重要的着力点。基于此，二十届三中全会提出要"以国家标准提升引领传统产业优化升级，支持企业用数智技术、绿色技术改造提升传统产业"。

综上所述，基于习近平总书记提出的新质生产力的概念，我们可以从系统论的角度来概括。如图5-1所示，一般来说，系统包括三个内容——要素、结构和功能。新质生产力系统的要素是新型劳动者、新型劳动资料（如处理数据和信息的工具）、新型劳动对象（如数据等）和新型基础设施（如算力网、大模型等）。这些要素进行优化组合形成企业，大量企业最后构成一个产业，也就是产业体系，产业体系是生产力系统的产业结构体系，现代化产业体系是新质生产力系统的产业结构体系。在产业结构中，未来产业和战略性新兴产业的占比越高，传统产业越能够实现深度转型，同时意味着产业体系现代化水平越高。在现代化产业体系这样的新质生产力结构中，新质生产力系统要素运行将发挥相应功能，包括体现新发展理念、实现高质量发展、提升全要素生产率、推进新型工业化等。

要素 （优化组合）	结构	功能
新型劳动者 新型劳动资料 新型劳动对象 新型基础设施	产业深度转型 未来产业 战略性新兴产业 现代化产业体系	体现新发展理念 实现高质量发展 提升全要素生产率 推进新型工业化

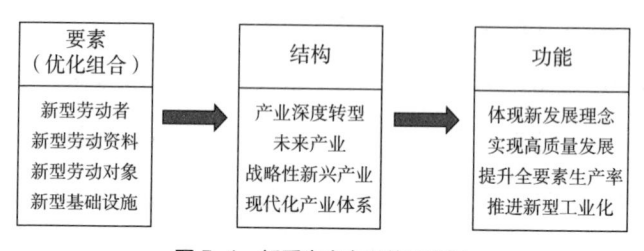

图 5-1 新质生产力系统示意图

二、从全要素生产率看发展新质生产力的意义

高质量发展是我国经济工作的鲜明主题。经济发展本质上伴随经济活动质和量的提升，实现众望所归的理想状态。西方发展经济学有很多增长模型，但最终要有一个增长目标，使经济达到一个理想状态。对于这个理想状态，不同国家的表述并不一样，对于新时代的我国经济发展而言，其理想状态就是高质量发展。高质量发展是符合创新、协调、绿色、开放、共享五大理念的发展，同时还要

统筹高质量发展和高水平安全。高质量发展需要内在统一的把握、衡量,推动创新发展、协调发展、绿色发展、开放发展、共享发展和安全发展,这意味着高质量发展的多元性动态目标内在统一,表现为:统一在以人民为中心的发展思想上,统一在满足人民对美好生活的向往上,统一在人的全面发展上,统一在提高人民福祉上。

衡量高质量发展,要比单纯讲经济增速复杂得多。GDP增速不能直接反映收入平等、环境质量改善、减贫等人民福祉水平的提高。区分GDP所反映的经济数量增长与经常被经济统计所忽视的经济质量提升是至关重要的。推动高质量发展,是对单纯以GDP衡量经济发展成就的反思和超越。当然,追求高质量发展并不是不要经济增长速度,而是要实现质的有效提升与量的合理增长。

"十四五"规划设置了5大类(经济发展、创新驱动、民生福祉、绿色生态、安全保障)、20个指标,这些指标体现了6个方面的理念,是一个综合衡量高质量发展的指标体系。但是问题在于,这个指标体系没有GDP单一指标那么直观。有人把GDP指标形象地比喻成百米赛跑成绩单,一眼就能看出跑得快还是跑得慢,而20个指标就像体操比赛计分规则,相当于20名裁判打分,需要通过赋权综合计分。

当然,从理论上说,衡量高质量发展也存在核心指标,一个关键指标是全要素生产率。生产率是指投入与产出之比,从投入的角度来看,生产率可以分为单要素生产率和全要素生产率。前者指产出与一种要素投入之比,如劳动生产率为产出与劳动投入之比;后者指产出与综合要素投入之比,综合要素指资本、劳动、能源及其他要素等两种或多种要素的组合。全要素生产率反映了资源配置状况、生产手段的技术水平、生产对象的变化、生产的组织管理水平、劳动者对生产经营活动的积极性，以及经济制度与各种社会因素对生产活动的影响程度。改革开放以来全要素生产率大幅度提升，原因就是资源优化配置，最典型的是农民工。随着工业化和城镇化进程的推进，大量农业闲置劳动力进入城市，从务农转为从事工业，实现了要素的优化组合，从而提升全要素生产率，这是一个很好的例子。要衡量高质量发展，从理论上来说，全要素生产率是一个好的指标，但需要用模型来测算，不像 GDP 统计指标那么好把握。

最近，我们对我国全要素生产率进行了测算，并进行了国际比较。如表 5-1 所示，研究结果表明，2010 年前后，中国的全要素生产率相当于美国的 42.2%，2019 年相当于美国的 40.3%，近 10 年间，中美之间相对全要素生产率降低将近 2 个百分点。从理论上说，我国是赶超型国家，要实现赶超，应该保持高于发达国家的全要素生产率。但是，为什么最近 10 年我国全要素生产率的增速还低于美国全要素生产率的增速呢？从新质生产力发展角度，可以给出一个解释。

表 5-1 部分追赶经济体相对美国的全要素生产率状况

国别	跨入中等偏上收入国家时点相对TFP水平（年）	跨入高收入国家时点相对TFP水平（年）	成为中等偏上收入国家时点相对TFP的年均值	2019 年
东亚和东南亚国家			
中国	42.2（2010）		42.4	40.3
韩国	58.2（1987）	66.5（2001）	63.7	61.4

续表

国别	跨入中等偏上收入国家时点相对TFP水平（年）	跨入高收入国家时点相对TFP水平（年）	成为中等偏上收入国家时点相对TFP的年均值	2019年
泰国	42.4（2010）		46.9	49.3
南美国家				
乌拉圭	76.7（1987）	74.6（2012）	72.7	69.5
智利	68.0（1993）	83.0（2012）	73.7	76.8
巴西	71.6（1987）		64.3	51.1
哥伦比亚	58.8（2008）		63.6	65.2

注：根据PWT数据库和世界银行数据，各年美国全要素生产率设定为100。
资料来源：中国社会科学院经济研究所课题组（黄群慧、杨耀武等）：《结构变迁、效率变革与发展新质生产力》，《经济研究》，2024年第4期。

经济理论界多年来在讨论"索罗悖论"，认为从20世纪八九十年代出现的技术进步，没有像第一次工业革命和第二次工业革命那样，带来"索罗剩余"和全要素生产率的显著提升，体现在经济增长上，总体全球经济增长进入"新平庸"(the new mediocre)时代。但是，最近这些年也有大量研究认为"索罗悖论"已经不存在。尤其体现在美国全要素生产率的提升，更多的是来自数字技术的创新，通过数字技术赋能传统产业，美国实现了较高的全要素生产率增速。

我国全要素生产率为什么提升得慢？其中一个重要原因，可能是数字技术和信息技术真正对传统产业赋能和美国相比还有阶段性差距，我们的新质生产力发展得还不够。近些年，在人口数量红利消退并逐步转变为经济增长的拖累因素的情况下，提高劳动者素质、充分挖掘人口质量红利就至关重要。发展新质生产力与挖掘人口质量红利的要求相契合，这是因为与新质生产力相匹配的，不再是以简单重复劳动为主的普通劳动者，而是能够创造新质生产力的战略人才和能够熟练掌握新质生产资料的应用型人才。这更凸显了我国发展新质生产力的紧迫性。

我们的远景目标是到 2035 年基本实现社会主义现代化，其中有一个定量目标就是人均 GDP 达到中等发达国家水平。中等发达国家人均 GDP 是 2 万多美元，我们现在刚超过 1.3 万美元，如果到 2035 年达到 2.5 万美元，至少在"十五五"之前要保持 5% 以上的平均增速，否则还是比较困难的。在没有考虑新质生产力的情况下，潜在增速会显著下降，实现 5% 增速比较困难。我们要通过技术创新来推动新质生产力发展，提升全要素生产率，进而提高潜在增速。从这个角度讲，发展新质生产力对于提升全要素生产率，进而提高增速，最终实现社会主义现代化目标的意义重大。

三、作为新质生产力载体的现代化产业体系

新质生产力的载体是现代化产业体系。现代化产业体系与高质量发展联系在一起，围绕着高质量发展所要求的创新、协调、绿色、开放、共享等理念，以习近平总书记关于建设现代化产业体系的重要论述为指导。我认为现代化产业体系具有六个基本属性：完整性、先进性、安全性、协调性、包容性、开放性。因此，现代化产业体系的指标体系应该具备以下六个维度。

一是完整性。完整性意味着产业体系应该包含多个不同领域和

层面的产业，以构建一个全面的产业生态系统。这意味着不仅要有多样性的产业，还要有供应链、价值链等各个环节的完整性，以满足社会经济的多样需求。

二是先进性。先进性要求产业体系在技术、管理、创新、制度等方面具备国际领先水平，包括采用最新的科技和工艺、高效的生产方法、创新的管理模式，以及符合国际标准的制度安排等，能够不断适应和引领市场和技术的发展，提高产业的竞争力和适应性。

三是安全性。安全性关注产业体系的安全和可靠性，以防止各种风险和威胁对产业发展造成的损害，包括经济风险、技术风险、政治风险等。现代化产业体系必须具备自主可控、安全可靠的特点，以保护国家经济的稳定和安全。

四是协调性。协调性体现了不同产业领域之间的协同发展和协调运作，包括各个产业的协调发展、资源的协调配置，以及政府、企业、社会等各方的协同合作。协调性有助于减少资源浪费，提高效率，推动产业链的延伸和扩展，促进经济增长。

五是包容性。包容性强调了现代化产业体系的普惠性和社会责任，要求产业体系发展应当惠及广大人民群众，确保经济增长的公平分配，防止贫富差距扩大，促进社会公平、稳定与和谐，减少环境污染，促进经济绿色发展，确保经济的可持续增长惠及广大人民群众。

六是开放性。开放性体现了现代化产业体系与外部环境的互动和融合程度，以及与其他产业体系之间的合作与交流。现代化产业体系应当充分利用国外市场，实现商品要素资源自由流动，在全球范围内协同合作，共同创造价值。

这六个维度相互交织、相互依赖，共同构建了一个强大且可持续的产业生态系统。围绕以上六个维度，我们研究并提出现代化产业体系、现代化水平评价指标体系，每个维度设置若干细分指标。完整性的细分指标包括工业门类数、制造业增加值全球占比和出口多样性。先进性的指标包括专利数、研发投入、人均GDP和劳动生产率。安全性的指标包括产业链风险敞口、500强中国企业占比和关键核心技术数。协调性的指标包括产业结构比例、营商环境指数和产业智能化。包容性的指标包括就业弹性、单位国内生产总值能耗（碳排放）和劳动收入份额。开放性的指标包括贸易依存度、外资限制指数和全球价值链（GVC）参与度，具体如表5-2所示。

表5-2 现代化产业体系、现代化水平评价指标体系

维度	细分指标	指标含义	方向	数据来源
完整性	工业门类数	反映一个地区的经济多样性和产业结构的复杂性	正向	各国政府网站
	制造业增加值全球占比	评估一个国家在全球制造业中的竞争力和重要性	正向	OECD数据库
	出口多样性	反映一个国家的国际贸易策略和产品组合，对于国际贸易的稳定性和风险分散具有重要意义	正向	联合国贸易与发展会议数据库（UNCTADstat）
先进性	专利数（三方同族专利）	评估专利发明的国际认可度和价值	正向	OECD数据库
	研发投入	表明一个国家在技术创新和研发方面的投入	正向	世界银行数据库
	人均GDP	表明一个国家或地区的人民相对富裕程度及购买力	正向	世界银行数据库
	劳动生产率	衡量一个国家具体劳动生产使用价值的能力	正向	国际劳工组织（ILO）数据库

续表

维度	细分指标	指标含义	方向	数据来源
安全性	产业链风险敞口	表示一个国家经济对国际市场的依赖程度	负向	OECD 数据库
	500强中国企业占比	显示一个国家在国际市场的领先地位	正向	财富杂志网站
	关键核心技术数	帮助国家在市场竞争中更具有竞争力，促进产业体系的稳健发展	正向	智慧芽（Patsnap）专利检索数据库
协调性	产业结构比例	反映一个国家或地区不同产业部门在经济中的比例	正向	OECD 数据库
	营商环境指数（子指标）	评估一个国家或地区的商业环境质量	正向	世界银行数据库
	产业智能化	反映一个国家或地区在制造和服务领域应用先进技术的程度	正向	国际机器人联合会 IFR 数据库
包容性	就业弹性	反映一个经济体的劳动市场情况。高弹性的新增就业岗位数量，意味着在经济增长时就业机会能够迅速扩大	正向	国际劳工组织（ILO）数据库
	单位国内生产总值能耗（碳排放）	反映一个国家或地区的经济活动与资源消耗和环境影响之间的关系	负向	Wind
	劳动收入份额	评估劳工权益和社会公平性	正向	宾夕法尼亚大学 Penn table 数据库
开放性	贸易依存度	反映一个国家或地区与世界其他国家的贸易联系	正向	世界银行数据库
	外资限制指数	评估一个国家或地区对外国直接投资的限制程度	负向	OECD 数据库
	全球价值链（GVC）参与度	反映一个国家或地区参与全球价值链分工的程度	正向	OECD 数据库

资料来源：黄群慧、倪红福，《中国现代化产业体系的评价研究》，内部报告，2024年。

基于这些指标和数据库，我们构造并计算产业体系现代化水平指数，对中国与一些代表性国家进行国际对比。测算结果表明，中国产业体系的现代化水平指数为0.54，与韩国、法国、意大利等处于第二方阵，处于第一方阵的是美国、日本、德国等。从不同维度来看，中国产业体系表现最突出的特性是完整性，其他国家都无法与中国相比。中国显著的短板是先进性指数仅0.32，与其他国家，特别是美国（0.76），差距较大。在产业安全性方面，我国产业体系安全性水平指数只有0.36，与美国0.73的差距较大。概括来说，我国的产业体系是大而全，但并不强，在产业安全性、协调性、包容性、开放性等方面也都需要进一步提升。

四、健全发展新质生产力的体制机制

基于上述对现代化产业体系的度量，了解现代化产业体系建设的短板，反过来思考如何发展新质生产力，我认为有六个方面特别值得重视，这些方面在二十届三中全会文件《中共中央关于进一步全面深化改革 推进中国式现代化的决定》（以下简称《决定》）中都有体现。

第一，"构建支持全面创新体制机制"。完善促进原始创新和颠覆性创新的生态系统。

从最初的科研技术突破到最后的产业化，这是从0到1，再从1到N的过程。我国是赶超型国家，一直以来大量引进模仿，能解决从1到N的问题，但是从0到1的创新是未来的重点，这也是我们解决现代化产业体系建设先进性短板的关键。这些年，我国加大创新投入力度。2023年，我国研发经费支出占GDP的比重为2.64%，接近欧盟的平均水平。但要考虑到我国研发投入增长主要是在近20年，欧美科技强国长期保持高强度研发投入，我国研发经费高投入的累积效应明显不足。另外，大企业是创新主体，与国外相比，我国大企业的研发投入不足。从2021年全球2500家大公司研发投入情况来看，美国有822家，平均研发强度是7.8%；中国有678家，虽然数量不少，但平均研发强度只有3.6%，还不到美国的一半（见表5-3）。另外基础研发投入仍然不足，按照"十四五"规划，到2025年，基础研发费用占整个研发费用的8%以上，现在只有6%[①]，到2025年提高两个百分点是很有挑战性的，而发达国家基础研发占比一般超过10%，甚至达到15%。

表5-3 2021年全球2500家大公司研发投入情况

经济体	公司数量（家）	研发投入（亿欧元）	平均研发强度（%）	户均研发投入（亿欧元）
美国	822	4 397	7.8	5.4
中国	678	1 958	3.6	2.9
欧盟	361	1 928	3.9	5.3
日本	233	1 138	3.9	4.9
其他	406	1 518	4.4	3.7
合计	2500	10 939	4.7	4.4

资料来源：欧盟委员会《欧盟工业研发投资记分牌（2022）》。

另外一个问题就是支持创新的体制机制。《决定》在这方面下的笔墨较多，认为"教育、科技、人才是中国式现代化的基础性、

[①] 根据"十四五"规划和2035年远景目标，"十四五"期间，基础研究经费投入占研发经费投入比重提高到8%以上，而这一比重在2020年是6.16%。——编者注

战略性支撑。必须深入实施科教兴国战略、人才强国战略、创新驱动发展战略，统筹推进教育科技人才体制机制一体改革，健全新型举国体制，提升国家创新体系整体效能"。创新的体制机制涉及教育、科技、人才等各个方面，从学术上说，本质是一个创新生态的完善问题，不是单纯靠投入就能解决问题的。要将教育、科技、人才一体化进行考虑，构建支持全面创新的体制机制，形成一个完善的创新生态，这对于提升未来现代化产业体系建设的技术先进性具有决定性意义。

总体上说，完善我国创新体制机制，要求大力弘扬科学家精神、企业家精神和工匠精神，兼顾伽利略式和熊彼特式的双元性创新，尤其是要强化基础研究能力，实现原始创新和颠覆性创新，提高自主创新能力，推动前沿技术、底层根技术突破。

第二，"健全促进实体经济和数字经济深度融合制度"。提高制造业数智化、绿色化和融合化水平。

在制造业先进性提升过程中，核心要求一定是与智能制造、绿色制造、数字技术结合起来的，这也是新型工业化的关键要求。《决定》提出一系列措施："加快推进新型工业化，培育壮大先进制造业集群，推动制造业高端化、智能化、绿色化发展。建设一批行业共性技术平台，加快产业模式和企业组织形态变革"；"优化重大产业基金运作和监管机制"；"建立保持制造业合理比重投入机制，合理降低制造业综合成本和税费负担"；"完善促进数字产业化和产业数字化政策体系"；"加快新一代信息技术全方位全链条普及应用，发展工业互联网，打造具有国际竞争力的数字产业集群"；"健全平台经济常态化监管制度";"加快建立数据产权归属认定、市场交易、权益分配、利益保护制度,提升数据安全治理监管能力,建立高效便利安全的数据跨境流动机制",等等。

现在制造业的问题是大而不强,配套能力很强也很完整,"不强"主要体现在产业基础不足。2016年制定"制造强国"规划的时候,国家制造强国建设战略咨询委员会曾经对十大先进制造业领域的"四基"进行统计,十大先进制造业的产业基础"短板"有682项。尽管这些年很多"短板"被攻克,但是总体来说,产业基础仍然不足。所以国家提出实施产业基础再造工程,既然是再造,就意味着原来的基础整体差距很大。只有通过产业基础再造,我们才能在全球创新,尤其是制造业创新能力谱系中有自己独特的能力,进而保证产业链、供应链的安全性。

第三,"健全现代化基础设施建设体制机制"。加大新型基础设施建设投资力度。

新质生产力加快发展,新型基础设施是具有长远性、基础性和战略性的决定因素。如同能源、铁路、机场、公路、金融、邮政等基础设施领域对传统工业化、城市化的重大意义一样,以5G、物联网、工业互联网、卫星互联网为代表的通信网络基础设施,以人工智能、基础模型、云计算、区块链等为代表的新技术基础设施,以数据中心、智能计算中心为代表的算力基础设施,以及智能交通基础设施、智慧能源基础设施等融合基础设施,和重大科技基础设施、科教基础设施、产业技术创新基础设施等创新基础设施,对于发展新质生产力具有决定性意义。

新型基础设施建设，需要更好地发挥国家计划、规划和战略指导作用来推进，需要政府高效履行经济治理职能，加强和优化公共服务，还需要大量社会资本参与支撑以及市场化机制提高运行效率。因此，二十届三中全会提出，"构建新型基础设施规划和标准体系，健全新型基础设施融合利用机制，推进传统基础设施数字化改造，拓宽多元化投融资渠道，健全重大基础设施建设协调机制"。

从新型基础设施看，现在所提最多的是"连接+算力"。根据马克思对大工业体系的描述，任何机器设备都由动力机、传递机和加工机组成。但是把这个描述放大，我们就会发现，所谓现代工业体系也是这样，能源工业、交通运输业和制造业这三大体系基本就形成了现代工业体系。在新一轮科技革命和产业变革下，这个产业体系出现了变化。能源工业体系变为绿色能源主导，"连接"也不是以前单纯的交通运输和动力传递，而是信息数据传递，传递过程是加工、收集、传输数据，并使其价值化交易，这就是ICT（信息与通讯技术）产业。绿色能源加上"连接+算力"，加上交通运输，再加上绿色制造和智能制造，就形成了新一轮科技革命与产业变革的产业体系。可以说，这个描述是按照马克思的大工业逻辑延续下来的。

从当前最受关注的算力产业来看，如何发展算力产业、布局算力网，是我们未来需要高度重视的战略问题。我们需要回答，在数字化背景下，以往长期习惯的"铁、公、机"产业政策是否对算力基础产业依然有效？经济学中有产业政策和竞争政策两大政策体系，一般认为竞争政策有利于创新，但对于基础设施而言，产业政策的确非常必要和重要,包括美国在内的发达国家也在强调产业政策。对于算力产业而言,更广泛意义上的算力产业,是由计算机、芯片制造、操作系统、大数据、公有云和私有云等一系列能够支撑数据运算的企业组成的。现在我们要建设全国一体化的算力网,能不能像第二次工业革命时期发展电力网那样,用一个统一的产业政策来解决?未来通过怎样的产业政策和竞争政策来发展算力产业、构建一体化算力网、实施"东数西算"工程,这是一个很大的问题,需要在"十五五"乃至"十六五"规划中加以深入研究。

总体来说,现在看中国算力产业,最大的问题是碎片化。企业分布很散,既有华为这样的民营企业和 BAT(百度、阿里巴巴、腾讯)这样的平台企业,也有中国联通、中国移动的各种云。地方政府是推动新质生产力的重要主体,它们也存在"一哄而上"的情况,都要做自己的数据库、公有云、私有云和算力。在美国,几家大企业就掌握规模足够大的算力。有统计表明,这些年我们对公有云的投资虽然增加,但是增速大幅度下滑,大家都在做私有云,这就使算力更加碎片化。

算力的另外一个问题是和电力的关系,有一种观点说"算力的终极是电力"。这个观点虽然存在争议,但至少提醒我们不要把新质生产力和传统产业割裂。虽然我们说第一次工业革命、第二次工业革命、新一轮科技革命和产业变革,但并不意味着每次革命都是对上一次革命的"颠覆",我们不能把每次工业革命割裂开。实际上,每次工业革命都是一个演化的过程,其对生产力的显著改善往往要经过六七十年时间。同样,即使现在新一轮产业革命强调算力、大数据、大模型，也仍然要依赖第二次工业革命的支撑，这是连续演化的。当然，现在仍可以称之为"革命"，从人类上千年的发展史来看，几十年的时间只是一个瞬间。

第四，"完善实施区域协调发展战略机制""健全推进新型城镇化体制机制""健全因地制宜发展新质生产力体制机制"。

从区域视角来看，关键是如何健全体制机制，促进高素质要素流向新质生产力发展。新质生产力发展和现代化产业体系建设，需要推动产业门类之间、区域之间、上下游环节之间、大中小企业之间，以及资金、技术、劳动力各要素之间的高度协同耦合，这必然要求进一步加快国内统一大市场建设，促进各类产业要素有效流动配置。

一方面要健全高效的市场机制，推进新质生产力要素高效集聚；另一方面，重大新质生产力布局要和国家区域协调发展战略、城镇化战略相协调，服务于国家区域发展重大战略。新中国成立以来，生产力的布局和演变历史非常有意思。最初从苏联与东欧国家引进156项重点工矿业基本建设项目，布局在东北和其他战略地区，即老工业基地。改革开放之后，沿海地区发展起来，形成东、中、西的梯度发展格局。党的十八大以来，在全面实施"四大板块"区域发展总体战略基础上，京津冀协同发展、长江经济带发展、粤港澳大湾区建设、长三角一体化发展、黄河流域生态保护和高质量发展等重大战略陆续实施，区域协调发展迈向高水平，形成"两横三纵"的城镇化战略格局，覆盖19个国家级城市群。新质生产力的布局既要和区域协调发展结合起来，也要和城镇化结合起来，真正的经济增长来自城镇，城市群、都市圈是重要的经济增长极，也是新质生产力发展的关键。

二十届三中全会提出，要"健全主体功能区制度体系，强化国土空间优化发展保障机制。完善区域一体化发展机制，构建跨行政区合作发展新机制，深化东中西部产业协作"。另外，从产业安全角度，要求"建设国家战略腹地和关键产业备份"作为"健全提升产业链供应链韧性和安全水平制度"的重要内容之一。需要认识到，重大新质生产力一旦布局，就会长期影响整个区域发展格局，一颗具有决定性的棋子落下去，对当地和全国的生产力布局和区域协调发展至关重要。除了区域协调发展，我们还面临城市和乡村之间的数字鸿沟问题。从新质生产力角度来看，城乡一体化是解决数字鸿沟问题的关键。新型城镇化战略最核心的是让农民工进入城市，推进户籍制度、农业转移人口市民化等改革，以及农村土地制度改革等，这与新质生产力要素有效集聚流动直接相关。

第五，"完善高水平对外开放体制机制"，为发展新质生产力提供良好的国际环境。

创新最关键的是要有一个开放的环境，新质生产力发展需要一个良好的国际环境，这就要求建设高水平开放经济新体制。所谓高水平开放经济新体制，首先要回答的问题是，开放经济新体制和改革开放有什么区别？我认为至少有三点值得重视。一是现在我国比较优势和以往不同，以前的比较优势主要是低成本劳动力，现在主要是超大规模的市场优势。我国有14亿多人口，其中有4亿~5亿中等收入群体，构成一个庞大的市场。二是更加强调制度性开放，不仅产品贸易要开放，还要推进规则、规制、管理、标准的开放，这会面临很多新挑战。一方面我们需要与国际制度接轨，另一方面数字经济正在带来全球贸易规则的改变，这要求我们在推进制度性开放中积极适应和参与全球规则制定。三是20世纪90年代开放的背景是上一轮经济全球化，基本上没有考虑安全性问题，至少当时不那么重要。现在来看，安全性和开放性的协调是未来一个最重要的主题，既要开放，又要保证自己的产业安全。

从国际上看，美国针对中国搞逆全球化，提出包括近岸外包等措施，对我们的产业链、供应链的影响比较大。我们相应提出完善推进高质量共建"一带一路"机制。我们做过一项研究，对100多个"一带一路"共建国家的工业化水平进行测评，根据其工业化水平，可以相应地选择产业合作的重点。一般而言，工业化分为初期、中期、后期等阶段，初期阶段往往以劳动密集型产业为主导，中期阶段以资本密集型的重化工业为主导，后期阶段是技术密集型（信息产业、电子产业、数字产业）占主导地位，我国可以根据不同国家的工业化阶段，选择不同的产业合作重点方向。

关于产业安全问题，有必要针对性地解决。产业安全有三种类型。

第一类是能力缺失型。"工业四基"的短板就属于这种类型，比如不能生产航空发动机、高水平芯片，90%甚至95%的工业软件依赖引进。这类产业安全问题只能通过新型举国体制来解决，科技进步需要一个时间周期，围绕核心的关键技术进行攻关，逐步补齐短板。

第二类是能力破坏型。美国实施"近岸外包"和"友岸外包",对我们进行打压,使国内企业拿不到订单,迫使很多企业转移出去。另外,随着劳动力工资的提高,劳动力成本敏感型企业的利润空间被压缩,也会转移到东南亚等劳动力成本低的地区。原来的产业链在每个环节都有一批企业,受上述因素的影响,一些企业转移出去可能使产业链断裂,尤其是在疫情之后,趋势非常明显。对于这一类产业安全问题,我们要打造一个良好的营商环境,厚筑产业公地,推动形成国内版"雁阵模式",由中西部来承接东部的产业转移。

第三类是能力响应型。由于突发的外部冲击,如战争、疫情等,某个链条突然断掉,引发产业安全问题,比如疫情期间我国汽车产业因芯片短缺一度停产。遇到这类安全问题,我们要有能力迅速响应并恢复正常,因此要提升产业链韧性,强化产业链安全管理体系建设。

针对以上三类产业安全问题,二十届三中全会在建立产业链供应链安全风险评估和应对机制的基础上,提出了应对性很强的措施。对于第一类,提出"抓紧打造自主可控的产业链供应链,健全强化集成电路、工业母机、医疗装备、仪器仪表、基础软件、工业软件、先进材料等重点产业链发展体制机制,全链条推进技术攻关、成果应用";对于第二类,提出"完善产业在国内梯度有序转移的协作机制,推动转出地和承接地利益共享";对于第三类,提出"建设国家战略腹地和关键产业备份,加快完善国家储备体系"。

一方面企业要"走出去",另一方面担心大规模"走出去"以后，国内没有相关企业，导致产业链断掉而影响产业安全，这个问题如何统筹？最理想的状态是企业可以"走出去"，因为这是国际产业合作和加入全球产业链的必然要求，是大势所趋，类似"雁阵理论"所揭示的规律。但是，当企业转移之后，国家高水平的制造能力不能丢。20世纪80年代日本的"母工厂制"值得我们借鉴。"母工厂制"是日本在本国制造业转移的同时，为留住产业核心技术能力而形成的制造模式。20世纪80年代中期，受日元升值的影响，很多日本企业开始到国外投资建厂。如何处理国内部门与海外工厂的关系，成为企业战略决策的重要课题。与美国多数制造业企业将制造和工厂全部转移至海外的做法不同，更多的日本企业选择在国外与国内实行"分工制"。这种将国内一家工厂作为国外工厂的技术依托以及国内技术创新的种子基地的做法，被称为"母工厂制"，国内工厂是海外布局工厂进行复制建设的母体。"母工厂"是聚集企业核心制造技术、拥有完整生产系统、具有技术创新功能、向海外子工厂传播先进技术和培养技术人才的战略基地，承担开发试制、技术支援、维持本国技术地位、根据技术变革趋势适时调整制造战略等任务。建设"母工厂"需要从生产设备优化、制造系统引入、现代管理方式创新、多层次人才培养、示范先行以及公共服务体系建设诸方面入手，统一规划、协同展开。在产业"雁阵转移"和企业外迁大背景下，通过建设"母工厂"这种"现代核心工厂"，把供应链产业链关键环节的制造和创新能力留在国内，有利于提高产业链供应链韧性和安全水平。在智能化的新一轮科技革命和产业变革的趋势下，要建设能适应和引领技术变革趋势的"母工厂",必须建设智能化的"母工厂",尤其是基于通用人工智能技术的"智能母工厂"。国内已经有企业在做这项工作,比如联想集团建了一个全球"智能母工厂"——南方智能制造基地。

第六,"完善收入分配制度","健全高质量充分就业促进机制",提升发展新质生产力过程的包容性。

缩小"数字鸿沟",使数字经济红利尽可能广泛地惠及社会大众。比如"萝卜快跑"这种技术创新,没有考虑替代就业之后的安排,只是一味推进无人驾驶技术,我认为意义不是太大。实际上,自第一次工业革命以来,包容性和技术先进性就有矛盾。19世纪初,包括纺织机在内的大量机器被发明以后,导致很多工人失业,英国一位名叫卢德的工人发起了捣毁机器的"卢德运动"。如果人工智能导致大量就业替代而不能很好地解决问题,那么反过来也会阻碍人工智能的技术进步。

数字技术和智能技术的发展产生了明显的"三重极化"效应,即"超级明星企业"占有绝大部分利润、数据和市场份额。相对于资本要素所得,劳动收入份额持续下降(数据、技术等数字化资本要素深度参与利润分配,对劳动收入产生了"挤出效应");数字技术对操作性技能劳动者替代(人工智能对中等技能劳动者替代趋势明显)引发收入分配极化趋势。

针对高质量就业和收入分配问题,二十届三中全会提出很多措施,包括:"完善就业公共服务体系,着力解决结构性就业矛盾。完善高校毕业生、农民工、退役军人等重点群体就业支持体系,健全终身职业技能培训制度。完善促进机会公平制度机制，畅通社会流动渠道。完善劳动关系协商协调机制，加强劳动者权益保障"；"构建初次分配、再分配、第三次分配协调配套的制度体系，提高居民收入在国民收入分配中的比重，提高劳动报酬在初次分配中的比重。完善劳动者工资决定、合理增长、支付保障机制，健全按要素分配政策制度。完善税收、社会保障、转移支付等再分配调节机制。支持发展公益慈善事业。规范收入分配秩序，规范财富积累机制，多渠道增加城乡居民财产性收入，形成有效增加低收入群体收入、稳步扩大中等收入群体规模、合理调节过高收入的制度体系"；等等。这些制度和要求的细化和实施，不仅对扩大消费有重大意义，也对提高新质生产力发展过程的包容性具有重要作用。

最后，作为总结，我再探讨如何加快构建与新质生产力更相适应的生产关系。马克思主义政治经济学关于生产关系的理论包括三个重要方面：生产资料所有制、市场交换关系和收入分配关系。"公有制为主体、多种所有制经济共同发展，按劳分配为主体、多种分配方式并存，社会主义市场经济体制等社会主义基本经济制度，既体现了社会主义制度优越性，又同我国社会主义初级阶段社会生产力发展水平相适应，是党和人民的伟大创造"，这总体上与新质生产力发展具有很大适应性。但具体而言，一是从生产资料所有制来看，需要明确不同所有制企业在发展新质生产力时的主要定位。例如，国有企业要强化"使命导向"的分类改革，"推动国有资本向关系国家安全、国民经济命脉的重要行业和关键领域集中，向关系国计民生的公共服务、应急能力、公益性领域等集中，向前瞻性战略性新兴产业集中。健全国有企业推进原始创新制度安排。……建立国有企业履行战略使命评价制度"。二是从市场交换关系来看，要建设高标准市场体系，创新生产要素配置方式，提高资源配置效率，特别是数据要素市场要完善，建设和运营国家数据基础设施，促进数据共享。三是从收入分配关系来看，要推进数据要素与人力资本有机结合参与分配，彻底扭转长期以来形成的"重物不重人""重视物质资本不重视人力资本"的导向。例如，要允许更多符合条件的国有企业以创新创造为导向，在科研人员中开展多种形式的中长期激励。

中国经济 50 人论坛丛书
Chinese Economists 50 Forum

第六章　中国金融改革和发展的新阶段[1]

李扬[2]

---

[1] 本文根据 2024 年 4 月 11 日长安讲坛第 412 期内容整理而成。
[2] 李扬，中国经济 50 人论坛成员、国家金融与发展实验室理事长。

一、中国金融进入高质量发展新阶段

（一）未来金融改革和发展的基本遵循

从思路上说，这一轮金融改革是从 2023 年 7 月 24 日召开的中共中央政治局会议开始的。会议对于中国经济提出一个比较新的判断，就是明确承认需求不足，要让消费成为经济增长的主要力量，而消费发挥作用的前提是提高收入。这样的表述就把经济的基础逻辑理顺了。2023 年 10 月 30 日召开中央金融工作会议，12 月 11 日召开中央经济工作会议。中央金融委员会办公室、中央金融工作委员会在 2023 年第 23 期《求是》发表重要文章《坚定不移走中国特色金融发展之路》。2024 年 1 月 16 日，省部级主要领导干部推动金融高质量发展专题研讨班开班，习近平总书记在开班式上发表重要讲话。随着这些重要会议、重要文章和重要讲话的密集推出，中国未来金融改革的基本架构已经擘画出来。大致概括起来，就是"八个坚持""五篇大文章""六个强大""六大体系""四个必须"。

可以看到，金融发展的基础逻辑已经发生了变化。党中央对于金融业的要求，首要的是履行其功能，服务实体经济、支持科技创新、支持共建"一带一路"、支持产业政策。要推动金融资源真正集聚到高质量发展的战略方向、重点领域和薄弱环节上来，不断满足经济社会发展和人民群众金融服务需求。

我们是国内比较早的从事金融研究的研究者。我们的感觉是，虽然改革已经推行了多年，但一直没有特别明确的金融发展逻辑。因为金融是舶来品，中国这块土壤没有生长出现代金融。山西票号虽然曾经搞得很热闹，但并未在此基础上产生现代金融体系，非常重要的一点是，它只是创造出一种代币、一张栈单，并没有创造出作为现代货币供应主体的存款账户，而账户在现代金融体系中具有重要地位和作用。

正是因为如此，我国 40 余年的金融改革和发展路子，基本就是学习发达国家，特别是美国的经验。潜在的基本逻辑就是：凡是发达国家有的，我们原则上都要学着做。这个"跟随"逻辑现在显然需要重新思考。因为在百年未有之大变局下，包括美国、欧洲这些老牌发达国家在内，所有的国家都在对自己的金融发展道路进行反思，尤其是在 2008 年金融危机以后。这体现在大量新的政策安排甚至体制变动不断推出，比如超低利率乃至负利率的长期施行，颠覆了我们所知的金融运行的基本逻辑。再比如政府干预问题，2008 年前后，美国财政和美联储不惜以国有化手段来干预房地产市场，这些都是过去难以想象的。在这种背景下，中国继续按以往的思路来推进金融改革显然是不合时宜的。我们在继续学习国外先进经验的同时，更要考虑中国特色以及中国传统，把两者密切结合起来。

可以认为，自从 2023 年 10 月 30 日中央金融工作会议之后，中国金融改革发展的基础逻辑变了，主要任务变了，发展方向变了，发展重点也变了。我们必须跟上这些变化。

中央金融工作会议系统阐述中国特色金融发展之路的本质特征，强调"八个坚持"。第一，坚持党中央对金融工作的集中统一领导。第二，坚持以人民为中心的价值取向。过去虽然没有称金融是为富人服务的，但是实际造成了这样的后果。现在，我们强调金融要以人民为中心。第三，坚持把金融服务实体经济作为根本宗旨。企业的日子不好过，利润很低，有的在亏损的边缘徘徊，但是服务于企业的银行和其他金融机构却赚得盆满钵满，这是不合理且不能容许的。第四，坚持把防控风险作为金融工作的永恒主题。金融是为了防范风险而产生的，但金融也在发掘和管理风险的过程中得到发展。金融的任务就是先发现风险，然后创造一种工具或者安排来管理风险，最后从风险发生人那里获得收益。但是，金融的发展也会给社会带来新的风险，我们必须管理好这些风险。第五，坚持在市场化法治化轨道上推进金融创新发展。这个意思很清楚，就是金融必须在市场化和法治化的基础上发展，这一表述让人们看了很放心。第六，坚持深化金融供给侧结构性改革。第七，坚持统筹金融开放和安全。中国发展到今天，眼界自然要越出国门，我们需要开放，也需要参与国际规则的制定，在这个过程中，安全当然十分重要。第八，坚持稳中求进工作总基调。稳中求进看似是一个普通的表述，但是这个提法的背后有很多经验和教训。在我的印象中，这个提法首次推出是在20世纪末，但是当时颇有争论。

（二）中国特色现代金融体系："六个强大"和"六大体系"

金融强国应当基于强大的经济基础，具有领先世界的经济实力、科技实力和综合国力，同时具备一系列关键核心金融要素，包括六个方面：拥有强大的货币、强大的中央银行、强大的金融机构、强大的国际金融中心、强大的金融监管、强大的金融人才队伍。

建设金融强国需要长期努力，久久为功。围绕这一目标，还必须加快构建中国特色现代金融体系，也包括六个方面：建立健全科学稳健的金融调控体系、结构合理的金融市场体系、分工协作的金融机构体系、完备有效的金融监管体系、多样化专业性的金融产品和服务体系、自主可控安全高效的金融基础设施体系。

中国特色金融发展之路，不仅遵循现代金融发展的客观规律，更具有适合我国国情的鲜明特色，与西方金融模式有本质区别。

（三）金融强国的中国特色：政治性

政治性，即加强党中央的领导。要完善党领导金融工作的体制机制，发挥好中央金融委员会的作用，做好统筹协调把关。发挥好中央金融工作委员会的作用，切实加强金融系统党的建设。发挥好地方党委金融委员会和金融工委的作用，落实属地责任。要坚持政治过硬、能力过硬、作风过硬标准，锻造忠诚干净担当的高素质专业化金融干部人才队伍。要在金融系统大力弘扬中华优秀传统文化，坚持诚实守信、以义取利、稳健审慎、守正创新、依法合规。要加强金融法治建设，及时推进金融重点领域和新兴领域立法，为金融业发展保驾护航。

（四）金融强国的中国特色：人民性

从字面上看，人民性指的是金融要以人民为中心，但从功能上分析，金融的人民性主要是要助力公平分配。我们可以从以下几个方面来理解金融的人民性。

第一，坚持服务实体经济，减少金融压抑，同时防止过度金融化，防止金融业陷入自我服务的泥沼。金融发展究竟是助长不平等还是减少不平等，其影响机制非常复杂。无论是金融压抑，还是金融过度发展，都可能加剧不平等。从20世纪70年代后半期至今，我们的主要任务是解除诸如利率管制、外汇管制、资本项目管制等金融压抑。金融压抑的存在，让市场不能充分发挥资源配置的基础性作用。减少金融压抑，为的是发展市场经济。发展至今，应当说我国的金融压抑已经不那么显著，但是另一种现象，即经济的金融化，甚至金融过度发展，在我国已现端倪。自2008年金融危机以来，经济的金融化以及金融业的自我服务问题，已经在国际社会被热烈讨论。人们注意到现在几乎所有商品都具有金融属性，黄金自不必说，石油、天然气、各类大宗商品、稀缺元素等也都成了金融投资的对象。过去，房地产由于流动性极差而没有被纳入金融范畴，但是当抵押支持证券进入房地产领域之后，这个市场的流动性迅速提高，致使房地产金融化也非常突出。在实体经济不断被金融化的情况下，如何界定金融与实体经济？金融服务实体经济的目标如何实现？这些都是新的问题。今后，我们要防止金融业自我服务。

第二，促进房地产市场健康发展，特别是要发挥政府在保障住房方面的作用，实现民众住有所居。现在房地产市场形势堪忧，还没有一个完备的、周全的、能够跨越若干周期的改革方案。但无论如何，今后房地产市场要服务于住房保障，其服务对象包括大学毕业生、进城农民工、城市新增移民，以及一些农村新型经济合作组织，这是金融以人民为中心的具体体现之一。

第三，落实农民土地财产权利，缩小城乡差距。根据《21世纪资本论》的作者、法国经济学家皮凯蒂的研究，从世界各国收入分配不公平的程度来看，中国排名比较靠前。皮凯蒂沿着马克思的思路，对第二次世界大战以来的资本主义世界重新进行研究，发现收入分配不公平问题日渐突出。我们在编制国家资产负债表的过程中与皮凯蒂有过合作，我去拜访过他，并与他共同主持过研讨会。他认为，中国和美国都存在收入分配不公平的问题。造成中国收入分配不公平的原因，40%可以用城乡分割来解释。换言之，如果中国的城乡收入差别被消灭，收入分配不公平的程度就会迅速下降，中国将成为世界上收入分配相对平等的国家。城乡收入差别表现在很多领域，其中非常重要的问题是，农民手中的土地不能成为农民的财产，不能为他们带来财产性收入。中央早就注意到这一问题，从 20 世纪末开始，中央就提出要规范城乡统一市场，让农民守住"三块地"，即承包农用地、宅基地和农村集体经营性建设用地，并且要让这三块地流转起来。只要农民手中有了土地财产，收入就不会落后于城里人，从而可以缩小收入分配差距。但在过去许多年里，城乡土地市场一体化的进展并不顺利。农民的土地之所以有增值潜力，就是因为城市化和工业化，两大历史进程都会大规模加速土地增值，并促使土地资本化。但是，在我国，土地增值部分长期以来被地方政府获得，被开发商分享，由此衍生中国经济的一个独有难题——土地财政。

第四，发展普惠金融，提升低收入群体和小微企业的金融可得性。大家在讨论普惠金融的时候，常常提及资金价格。其实，资金的可得性才是第一位的，因为后者涉及有无的问题。

第五，发展合作金融。追根溯源，发达经济体金融业的源头之一在于围绕教堂的各种互济活动，无论是银行还是保险，起初都与教堂和社区有关，是社区人员的互助互济。这说明从本源上看，挣钱绝非金融最重要的目的。现在看，中国金融体系中最缺乏的是互助机制和互助精神。因此，现在中央提出金融的功能要优先于盈利，其实是在恢复金融的本来面目。金融的功能就是资金融通，媒介资源配置这个问题解决了，经济效率就会提高，经济会增长，人民的生活水平也会提高。

从上述分析可见，金融强国的人民性不是一句空话。要实现人民性，需要进行大量的体制机制创新。我们要发掘社会主义市场经济的丰富内涵，将其融入金融改革和发展的过程中。

（五）未来五年：基本形成中国特色现代金融体系的总体框架

中国特色现代金融体系的总体框架包括：现代中央银行制度更为完善；金融机构布局更加合理；直接融资比重稳步提升；金融监管权责清晰，机构监管、行为监管、功能监管、穿透式监管、持续监管的能力和有效性明显增强；大幅压降存量风险，有效防控增量风险；金融法治建设明显加强；金融基础设施更加完备；人民币国际化稳慎扎实推进。

（六）到2035年：建成具有"高度适应性、竞争力、普惠性"的中国特色现代金融体系

在引进吸收发达经济体的理论和政策实践过程中，经常被讨论的一个问题就是，我国是要引进最先进的制度，还是要引进最适应的制度？发展经济学给出的答案是适应性优先。在5 000年文明历史和深厚传统的基础上，我国建立了自己的经济制度，这套制度是独特的，因此，很多在美国行之有效的东西，在我国并不适用。有鉴于此，中国特色现代金融体系首先要有高度适应性，另外还应具备竞争力和普惠性。这个表述与过去有显著不同，现在更强调适应性和普惠性。

中国特色现代金融体系包括：建立健全科学稳健的金融调控体系，建立健全结构合理的金融市场体系，建立健全分工协作的金融机构体系，建立健全完备有效的金融监管体系，建立健全多样化专业性的金融产品和服务体系，以及建立健全自主可控安全高效的金融基础设施体系。金融治理水平全面提高，人民币国际地位明显提升，金融业综合实力持续增强。

（七）一个值得讨论的概念

有一个指标经常被大家讨论，就是金融业增加值占 GDP 的比重。

目前，中国的金融业增加值按照货币金融、资本市场、保险业等四个细分行业进行核算。具体算法是：根据细分行业的基础指标增速（主要使用同比增速）先进行加权求和，长期以来，存款增速权重约为 0.45，贷款增速权重约为 0.25，证券交易额增速权重约为 0.2，原保费收入增速权重约为 0.1。不难看出，存款和贷款增速，特别是存款增速，一直是对金融业增加值增速影响最大的分项。这样一种算法，显然反映了传统经济条件下资金长期短缺的状况，也反映了在短缺经济条件下动员储蓄是金融业的主要任务。

然而，随着我国经济从短缺走向基本平衡甚至经常过剩，"不缺资金缺本金"成为我国金融运行的常态，根据以上算法来计算金融业增加值并衡量金融业对经济增长的贡献，便显得越来越不适应。调整计算方法势在必行。在 2024 年 6 月举办的陆家嘴论坛上，央行行长就指出了现行金融业增加值统计方法的缺陷，并公布了初步的调整方案。

对金融业增加值计算方法的调整不可能一蹴而就，只能循序渐进，最终目标是形成收入法计算的金融业增加值。按照公式，收入法增加值＝劳动者报酬＋生产税净值＋固定资产折旧＋营业盈余。其中，生产税净值并非具体的税种，简单地说，就是各种间接税。中国是以间接税为主的国家，生产税和所得税的一个重要区别就在于生产税可以转嫁。最典型的是我国课征于房地产市场的各种税，政府认为房地产市场过热、房地产公司利润过高，于是便对房地产公司加税。然而，大家都没有注意到，政府课征于房地产商的各种税很容易被房地产商转手，并以抬高房价的路径"转嫁"给消费者。在中国，为什么金融业增加值高？原因之一就是加诸金融业的生产税高，而金融业的税负会很容易转嫁给实体经济部门。从固定资产折旧来看，金融企业盖一座大楼固然可以彰显雄厚实力，吸引消费者来购买产品，但高楼大厦的折旧大，这也算是金融业的增加值。再看营业盈余，银行营业额规模很大，银行获得丰厚利润，这又是金融业增加值过高的因素之一。对金融业增加值进行分解之后可以看出，用增加值来衡量金融业对经济的贡献是有问题的。

从国际比较来看，2022年底，中国金融业增加值占GDP的比重是8%，略高于美国的7.8%，也高于经合组织成员的平均水平4.8%，更高于欧盟的平均水平3.8%。相比起来，中国金融业挣的钱太多了。为什么不主张金融业挣那么多钱呢？因为金融的本质是流通中介和资源配置载体，其功能就是让资金能够顺畅地流通，借以引导资源配置。显然，作为非生产的流通部门，当然是流通成本越低越好。而金融业增加值高，则表明资金流通成本很高。这种状况显然与近年来金融过度发展，甚至自我服务有关。在整个制造业、实体产业基本没有利润甚至亏损的情况下，金融业依旧赚得盆满钵满，这是不合理的。

最近大家在讨论，息差已经降到 1.6 以下，而中国的银行业有 60%～70% 的收入来源于息差，今后银行业如何赚取利润都是问题。当然，银行业依赖息差是长期形成的，与金融压抑密切相关。在降低实体经济成本的同时，也不能让金融业活不下去，我们的任务是高度复杂的，金融改革和发展的困难也是很大的。

二、做好中国金融发展的"五篇大文章"

"五篇大文章"凸显了金融的功能。金融是"国之重器"，在中国式现代化建设全局中发挥着重要作用。要牢固树立正确的经营观、业绩观和风险观，平衡好功能性与营利性的关系，坚持功能性是第一位的。2023 年 12 月，中央金融委员会办公室、中央金融工作委员会在《求是》发表名为《坚定不移走中国特色金融发展之路》的文章。文章指出，"顺应经济社会发展的战略需要、阶段特征和结构特点，因势利导调整完善服务实体经济的重点方向和方式方法，着力做好科技金融、绿色金融、普惠金融、养老金融、数字金融五篇大文章，推动金融资源真正集聚到高质量发展的战略方向、重点领域和薄弱环节上来，不断满足经济社会发展和人民群众金融服务需求，以金融高质量发展为强国建设、民族复兴伟业提供坚实支撑"。以上是对未来我国金融改革和发展任务的集中概括。

（一）科技金融

科技金融是促进科技开发、成果转化、高新技术企业形成、高新技术产业发展的一系列金融工具、金融制度、金融政策与金融服务的系统性、创新性安排，是由科学和技术创新活动提供金融资源的政府、企业、市场、社会中介机构等主体，及其在科技创新融资过程中的行为活动共同组成的一个体系，是国家科技创新体系和金融体系的重要组成部分。

科技金融主要有三种形式。一是科技财政资源，通过政府拨款、财政降税免税、财政贴息和政府信用担保等方式，以及成立政策性风险投资基金和政策性金融机构来支持科技企业发展。二是科技贷款，通过商业银行、政策性银行、小额贷款公司以及民间金融为科技型企业发放贷款。2024年，央行设立5 000亿元科技创新和技术改造再贷款，为科技贷款提供了进一步的强大支持。三是风险投资市场，这是科技金融的主要内容，在专业投资机构［VC（风险资本）、PE（私人权益资本）等］的运作下，以控制高风险为基础，通过股权投资方式对高新科技企业进行投资，并在适当的时机进行股权退出以获得投资回报。

科技金融有两个要点。第一，促成科技的产业化。搞科技金融最终要落在实体经济的发展上，不仅仅是做金融，也不仅仅着眼于激励科技发展。第二，存在风险因素。科技发展促成的是"创造性破坏"，因而科技金融的本质是风险投资。世界在不断创造的过程中发展，但创造的同时也在破坏，破坏旧世界、创造新世界，宏观管理者对这个完整的过程要综合考虑，不能偏颇。虽然有创新，但那些被破坏的产业、企业怎么办？我们不免要面对失业、不良资产和结构调整等问题。

企业成长的不同阶段需要不同形式的融资。图6-1中，灰线之下是科技金融要讨论的内容，灰线之上是发展起来的企业需要的融资形式。显然，对"早"的、"小"的企业提供融资便利，是我们发展科技金融的主要任务。

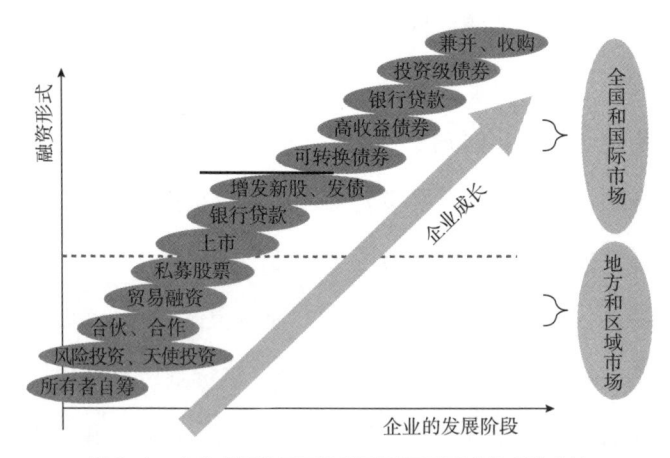

图6-1 企业成长的不同阶段需要不同形式的金融支持

中央金融工作会议敏锐地抓住并清晰地阐述了科技金融的显著特点，而且尖锐地指出中国金融体系的问题。科技金融要迎难而上、聚焦重点。引导金融机构健全激励约束机制，统筹运用好股权、债权、保险等手段，为科技型企业提供全链条、全生命周期的金融服务，支持做强制造业。我国金融体系规模已经很大，但资金配置不均衡；融资结构合理，可以说不缺资金缺本金，关键是提高融资效率，重点解决资金"苦乐不均""钱多本少""耐心资本不足"等问题。要发展多元化股权融资，发挥好创业投资、私募股权投资对科技创新的支持作用。

科技金融遵循的是风险投资原则。科学技术产业化是一个充满风险的过程，因此支持科技产业化必须遵循风险投资原则。资本市场，特别是VC/PE，是支持科技金融的主要金融机制。但是，我国的这个市场一直发展不快，近年来更是迅速下滑。现实地说，在中国，我们恐怕仍然需要依托银行体系支持科创。然而，银行本质上是"风险厌恶型"金融机构。这意味着依托银行支持科创发展更需要金融创新。

在历史上，"打包贷款"就是一种基于银行体系来支持有风险项目的金融产品创新，其要义就是将若干相互关联的项目组合成为一个综合性大项目，这些项目盈亏互见，但只要总体盈利，便可实施。成功的模式有"芜湖模式"和"天津模式"。最近被广泛关注的"合肥模式"，在金融技术上也属于打包贷款，只是根据目前一些新的政治和经济背景，特别强调了"容错"机制。我认为，发展科技金融除产品创新外，还可以考虑一种已讨论很久但至今未解决的体制改革方案，这就是推进银行的综合经营。如果可以推进这项改革，那么科创金融的前景是相当广阔的。

（二）绿色金融

在碳达峰、碳中和目标的引领下，发展绿色金融已经成为国家战略的重要组成部分。所谓绿色金融，是指支持环境改善、应对气候变化和资源节约高效利用的经济活动，即对环保、节能、清洁能源、绿色交通、绿色建筑等领域的项目投融资、项目运营、风险管

第六章 中国金融改革和发展的新阶段

理等提供的金融服务。

从绿色发展框架的国际动态来看，1992年通过《联合国气候变化框架公约》，首次推出降低温室气体排放、应对气候变化的框架；1997年通过《京都议定书》，确定"共同但有区别的责任"，强调由上而下施行；2016年4月22日，175个国家签署《巴黎协定》，强调国家自主贡献（NDCs）；2016年，G20杭州峰会通过《二十国集团落实2030年可持续发展议程行动计划》；2022年，在印度尼西亚巴厘岛举办的G20领导人峰会批准《2022年G20可持续金融报告》(包含《G20转型金融框架》等)。

国内气候投融资与绿色金融政策体系的形成大致如图6-2所示。

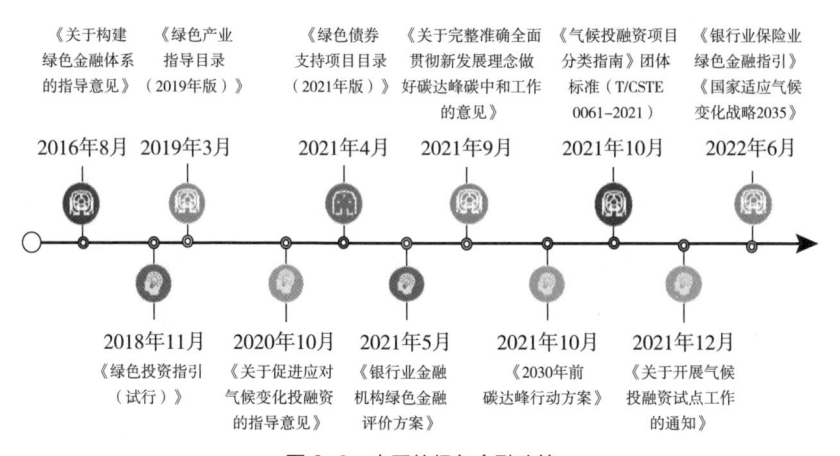

2016年8月	《关于构建绿色金融体系的指导意见》
2018年11月	《绿色投资指引（试行）》
2019年3月	《绿色产业指导目录（2019年版）》
2020年10月	《关于促进应对气候变化投融资的指导意见》
2021年4月	《绿色债券支持项目目录（2021年版）》
2021年5月	《银行业金融机构绿色金融评价方案》
2021年9月	《关于完整准确全面贯彻新发展理念做好碳达峰碳中和工作的意见》
2021年10月	《气候投融资项目分类指南》团体标准（T/CSTE 0061-2021）
2021年10月	《2030年前碳达峰行动方案》
2021年12月	《关于开展气候投融资试点工作的通知》
2022年6月	《银行业保险业绿色金融指引》《国家适应气候变化战略2035》

图6-2 中国的绿色金融政策

目前，绿色金融实施中存在的问题主要有五个方面：一是实践中减排活动难以计量、验证；二是信息不对称；三是外部性难以内部化；四是投融资渠道缺乏；五是商业可持续性弱。

要解决上述问题，人们首先想到的是用金融科技赋能绿色发展。首先，让绿色金融活动可计量、可验证。环境问题具有外部性，外部性导致市场缺乏价格信号与激励机制，市场机制失灵。传统监管从企业端发力，这很难应对绿色金融发展遇到的复杂问题。其次，开发基于大数据的风控系统，通过深入挖掘用户数据、引入外部公共数据，全面判断用户信用情况，有助于金融机构在众多鱼龙混杂的绿色项目中客观、精准地甄别绿色项目，剔除"假绿""染绿"项目，有效缓解信息不对称。最后，互联网平台商业模式可提升全社会绿色金融发展的参与度，通过网络平台产生间接网络效应和关联定价效应，降低业务成本、信贷经营成本，提高金融机构经营可持续性。

绿色金融发展面临很大资金缺口的主要原因是，目前绿色和可持续金融体系局限于支持已经符合绿色和可持续金融界定标准的投融资活动，即"纯绿"或接近"纯绿"的经济活动，而全球绝大部分经济活动涉及的企业主体和项目，实际上无法满足这些绿色标准。这意味着应对气候变化不仅需要支持新能源、电动车等"纯绿"项目，还应该支持目前仍存在的高碳行业、企业和项目向低碳转型。因此，需要建立一套新的投融资框架，促进高碳行业和企业设定可行与可信的减排目标及实现路径，动员和鼓励金融资本支持高碳行业和企业实施转型，转型金融应运而生。

转型金融的要点有五个：一是提供可行的界定标准；二是对转型活动和转型投资的信息进行披露；三是提供多样化的转型金融工具；四是提供有效的激励政策；五是避免无序转型，实行公正转型。

（三）普惠金融

2013年11月，党的十八届三中全会正式提出"发展普惠金融"。普惠金融是指立足机会平等要求和商业可持续原则，以可负担的成本，为有金融服务需求的社会各个群体提供适当、有效的金融服务。小微企业、进城打工的农民、城镇低收入人群和贫困人群、残疾人、老年人等特殊群体，是当前我国普惠金融重点服务对象。2015年12月，国务院印发《推进普惠金融发展规划（2016—2020年）》，将发展普惠金融正式上升为国家战略。至今，我国普惠金融已实现跨越式发展，成果令人瞩目，基础金融服务的覆盖面不断扩大，普惠金融贷款规模持续增长。在此次中央金融工作会议上，发展普惠金融再次被列为国家战略。

中国普惠金融有了长足的发展。中国的大中小银行都被调动起来投身普惠金融事业，这在全世界是绝无仅有的。通过这种模式，中国普惠金融发展的速度非常快，其广度、深度是其他国家所不可比的。金融科技赋能普惠金融是中国普惠金融发展的一大特色。由于金融科技、数字技术的迅猛发展，一些难以被传统金融服务覆盖的"长尾客户"也能享受到及时、便捷的金融服务。数字支付、数字信贷以及仍在持续探索的数字普惠保险等多种类型的普惠金融服务，都得到了不同程度的发展。全国绝大部分的乡村地区建立了普惠金融服务站和服务点，在相当程度上解决了普惠金融的"最后一公里"问题。政府广泛的动员宣传，使普惠金融的理念深入人心。对于进一步高质量推进普惠金融事业，打下了非常好的群众基础和舆论基础。

从历史上看，中国的普惠金融主要沿着两条线路发展。

一是基于银行等金融机构。相对于传统金融，在银行类金融机构中，金融科技的发展可以从根本上解决信息不对称问题，有效降低供需双方信息搜索成本、改善金融服务效率、提升客户体验感、增加金融产品和金融服务的可触达性，扩大服务范围，服务对象覆盖社会各个群体用户。金融机构中金融科技的发展，使金融服务更加安全、便捷、高效，提高了普惠金融覆盖面和精准度，提升了数字信贷规模和比重，进一步提高了普惠金融的服务水平，这就是人们常说的金融科技的"普惠效应"。

二是基于金融科技类公司。互联网企业是随网络技术的发展而产生的新型企业，其盈利模式、商品销售、成本构成等方面，与传统金融企业有着本质的区别。互联网企业的优势在于方便快捷，足不出户就能完成交易、获得线上服务，对传统的金融模式产生了巨大冲击。通过互联网线上业务的积累，互联网企业拥有大规模的客户群体，并且具有得天独厚的信息优势，凭借其强大的资本实力，可以实现大量数据的横向整合，将片段化、单价值的非金融数据，重组成系统化、高附加值、具有场景属性的高质量数据。

今后，普惠金融应当包容性更强、层次更丰富。"包容"指的是把那些传统金融机构服务不到的薄弱领域，以及在传统金融体系下难以获得金融服务，或者说处于弱势的重点群体，例如中小微企业、农户、新型农业经营主体、新市民等包容进来，为它们提供合理且适当的金融服务。高质量的普惠金融生态体系的主要组成部分，除了我们一直强调的信贷部分，还应包括保险、理财等方面，特别是保险体系，尤应重点发展。中国普惠金融研究院在全国各地的调研中发现，对于微弱群体来讲，普惠保险是非常重要的一个方面。基本的保险产品是这些人和家庭的更重要的一种金融需求，但目前还没有完全得到满足。

普惠金融还需要发展助贷。从广义上说，助贷是资金方和第三方中介机构（助贷机构）为目标客户提供贷款服务的合作方式。助贷将有效弥合普惠金融的断点和堵点，引流获客是助贷的基本功能。有一定专业技术能力的助贷机构与持牌金融机构、类金融机构等资金方，通过商务合同约定双方的权利与义务，由助贷机构提供获客、初筛等必要的贷前服务，由资金方完成授信审查、风险控制等核心业务后发放贷款资金，从而使借贷客户获得贷款服务。从实践中看，助贷的功能进一步解决普惠金融的"最后一公里"问题，甚至是"最后一百米"问题。这意味着在普惠金融的发展中，助贷事实上是不可替代的。

（四）养老金融

中国的人口抚养比迅速提高（见图6-3），人口结构的变化对养老体系构成巨大压力。

养老金融一般是指围绕社会成员的各种养老需求以及应对老龄化社会的挑战所进行的金融活动的总和。养老金融包括养老金金融、养老服务金融和养老产业金融三个方面，现在讨论较多的"三大支柱"，仅仅是养老金金融的一部分。

(%)
120
100
80
60
40
20
0

1990 1995 2000 2005 2010 2015 2020 2025 2030 2035 2040 2045 2050 2055 2060 2065 2070 2075 2080 2085 2090 2095 2100（年）

■ 少儿抚养比　　■ 老年抚养比

图 6-3　中国的人口抚养比

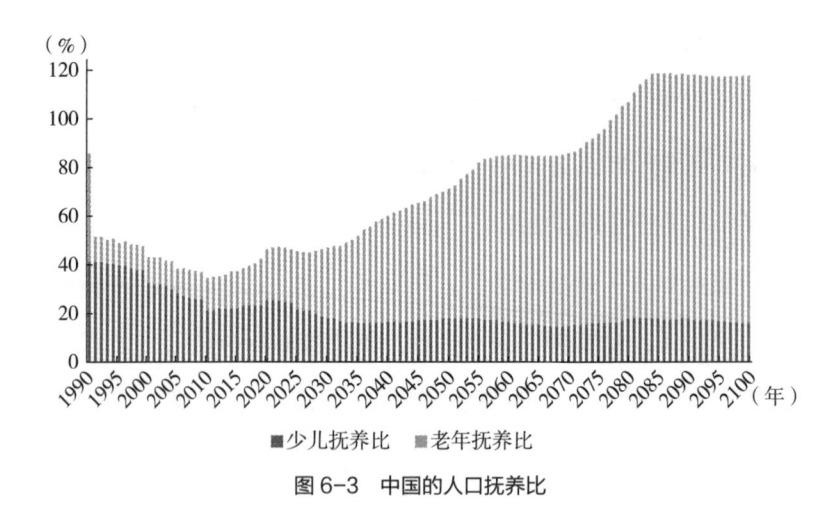

国家金融与发展实验室（NIFD）正在做这方面的研究，初步提出七个方面的内容。一是养老金"第一支柱"，主要包括基本养老保险基金和全国社会保障基金；"第二支柱"，主要是企业年金和职业年金，所占比重大概是 20%；三是养老金"第三支柱"，包括个人养老金和商业养老金；四是非养老金的养老金融产品，涉及银行、保险、（证券）基金业和信托业等；五是针对养老的金融服务；六是支持养老的设施，针对老年人的金融服务、金融服务的"适老化"程度；七是其他为老服务，包括照护、医疗、文化设施等。

完善中国养老金融体系，最要紧的是做好以下四个方面的工作：一是制度设计，要明确三大支柱的边界与功能定位；二是养老金的筹集与投资，要推进渐进式延迟退休政策，构建养老金与资本市场协同发展体系；三是养老产业的发展，优化养老服务供给，推动老龄事业的高质量发展；四是养老模式的完善，大力发展智慧养老服务体系，保障老年人高质量、有尊严的退休生活。

（五）数字金融

市场以及社会经济体系中实际产生的大量数据，已经成为一种重要的经济资源，继自然资源、金融资本、人力资源及技术创新之后成为又一个核心生产要素。数据资源的创新与构建、集聚与整合、转移与流通，使传统生产要素的供给缺陷得到补充，也就是生产要素结构得以进一步完善。数据资源的加入和发挥作用，使传统的生产要素重新凝聚或裂变出新的发展能量，使现代化经济体系创新发展获得了新的动力。

持牌金融机构运用数字技术，通过数据开放、协作和融合，打造智慧金融生态系统，精准地为客户提供个性化、定制化和智能化金融服务的模式。一方面，数字金融依托数字技术优化了金融服务，革新了金融产品、流程及业务模式。另一方面，数字技术并未改变金融交易的本质，但运用数字技术可使金融体系的运营机制发生变革。

中国金融数字化经历了三个阶段。改革开放之初，我国便开始推行金融电子化。第一个阶段可以称作数字化开端，初步实现了从手工到电子、从单机到联网的历史性突破，逐步摆脱了手工操作的落后局面。进入21世纪，重点围绕数据集中化、渠道网络化、管理信息化等领域，大力推进金融业的信息化发展。这是金融数字化的第二个阶段。第三个阶段就是智能化。近年来，随着互联网、大数据、云计算、区块链、人工智能等新一代信息和网络技术的出现，金融和高新科技呈现进一步深度融合的趋势，新的数字技术从根本上改造了传统金融业的存在方式和运作方式。客观地说，在中国，绝大多数金融机构的数字化只是完成了前两个阶段，真正的数字化（即智能化）尚未展开。这意味着在中国金融领域推进数字化，我们依然任重道远。

需要强调的是，发展金融数字化不可忽略平台经济的发展，因为平台是数字经济发展的主要舞台。数据是数字经济时代的关键生产要素。大家注意到，2009年诺贝尔经济学奖授予研究"公共池塘资源理论"的学者。公共池塘资源理论打破了前人在公共事务治理难题上的国家理论和企业家理论模式，认为人类可以通过自组织的行为有效解决这个困境。这种理论模式给了我们思考"公地困境"一种新的视野和理论，提供了替代解决方案。现在看来，公共池塘资源理论强调的自组织行为，正为平台经济发展提供了关键理论基础。根据该理论，平台作为数字经济时代协调和配置资源的基本经济组织，已成为数字经济时代数据要素价值化的关键市场主体。平台是开放的，它们既具有市场的属性，又具有政府（监管者）的属性，代表着一种新的财产组织形式和资源配置方式。

三、金融强国的共同要素：在中美比较中的分析

国家金融与发展实验室曾经做了一个研究项目，比较中美金融实力的差距。我们整理了8个方面，其中有6个是可量化的，还有2个是不可量化的，但是可以从功能上加以描述。可量化的因素，即"硬实力"，包括金融机构的规模及结构、金融市场的规模及结构、财富总量及结构、金融科技发展状况、国际投资头寸、货币的国际地位。不易量化但可以基于其功能加以描述的因素，即"软实

力",包括金融基础设施和对国际金融体系的影响力。

(一)金融机构的规模及结构

40 余年来,中国金融机构的规模扩张很快。2008 年中国资产总额仅为美国的 1/5,现在已达到 70%,这是中国金融实力提高的主要标志。在结构上,以银行为主的格局,固然有利于迅速聚集资源"办大事",但保险、养老金和其他非银行金融机构的发展相对滞后(保险和养老金机构规模仅为美国的 1/5,其他仅为 30%),这不利于我们应对人口老龄化带来的挑战,较难支撑创新发展战略,同时也不利于中国资本市场中机构投资者的形成和发展。

(二)金融市场的规模及结构

中国债务市场近年来发展迅速,2019 年已位居世界第二,这是我国金融实力提升的又一标志。但是存在主要缺陷:在整个债务市场中贷款比重过高,在债券市场中以中央政府债券为主的安全债券占比过低,以及银行间市场和交易所市场的分割。

从股票市场来看,我国股票市场发展缓慢。中美两国上市公司的行业结构差别,更显示了两国市场的质量差距。2023 年底,美国市值最大的前 10 家公司中有 6 家信息技术公司、2 家现代消费公司和 2 家医疗保险公司。而中国市值最大的前 10 家公司中,有 1 家酒业公司、7 家传统金融公司、1 家传统资源公司、1 家电信公司。这种上市公司重在传统产业的结构偏向,是我国资本市场的主要问题之一。另外,我国金融衍生品市场发展严重滞后,不仅不利于保证我国利率和汇率政策的独立性,更拖累了人民币国际化的步伐。

(三)财富总量及结构

中国的总财富占GDP的比重已于2019年高于美国。扣除负债,净财富占GDP的比重则早在2009年便已超过美国。从金融稳定的角度看,唯有净财富才是一国真实的偿付能力。在这个意义上,中国政府比美国政府掌握了更大比例的社会净财富,因而具有更大的能力、空间和韧性来应对各类冲击。

(四)金融科技发展状况

目前,美、英、中在金融科技发展方面位居前三。美国以技术领先、规模巨大稳居首位。英国以产权、信息、隐私保护制度健全、拥有"亲创新"的监管体系而紧随其后。中国位居第三,主要得益于庞大的人口基数带来的客群需求,以及平台引流带来的丰富的应用场景。

(五)国际投资头寸

经过40余年持续的对外开放,中国积累了规模较大、正的国际投资头寸,位居世界前列。这大大提高了中国在国际金融体系中的地位。然而,中国对外的资产负债结构显然存在较大的偏颇:资产收益低,债务成本高,致使我国规模庞大的对外净资产未能带来应有的净收益。美国则相反,尽管对外净负债,但因为负债成本低、资产收益高，其总体回报率却高于中国。显然，优化对外资产负债结构，提高国际投资头寸的收益，是我国面临的一个严峻挑战。

（六）货币的国际地位

一国货币的国际地位，可以通过该国货币在国际债务市场、外汇交易、全球支付和国际储备资产等领域发挥的作用加以刻画。在上述四个维度，美元的国际地位远超其他货币，这使美国几乎掌控了全球金融运行的"总开关"。不过，2008年金融危机之后，美元在国际储备领域显示出一定的下降趋势。同时，在所有标志本国货币国际地位的领域中，人民币的占比均呈现较大幅度的增长势头。

（七）金融基础设施

广义的金融基础设施是指金融运行的硬件设施和制度安排，包括支付体系、法律环境、公司治理、会计准则、信用环境、反洗钱，以及由金融监管、中央银行最后贷款人职能、投资者保护制度组成的金融安全网等。中美在金融基础设施方面的差距较大。我国完善金融基础设施是一个长期过程。此次中央金融工作会议提出的"六大体系"中，就有"自主可控安全的金融基础设施体系"，可见这个问题的重要性。

（八）对国际金融体系的影响力

一国对国际金融体系的影响力，主要体现在五个方面：在国际金融机构中的话语权，在国际重要财经新闻机构和传播渠道中的地位，对他国金融机构经营能力的干预能力，对国际金融基础设施的干预能力，国际金融产品定价权。

美国作为组织确立二战后国际经济金融秩序的老牌发达资本主义国家，几乎拥有所有的国际渠道来对他国的金融活动和金融政策产生影响。中国作为最大的发展中国家，目前还只是"被动接收者"。但是，随着共建"一带一路"倡议逐步深入人心，金砖国家、上海合作组织、亚太经合组织等中国积极参与的国际组织的影响力不断扩大，这种状况正在稳步改善。

综上，经过40余年的发展，我国的金融业已有了长足的发展。这些发展成果无论如何评价都不过分。然而，面对国内经济的新常态和全球经济的百年未有之大变局，我们显然还有大量的事情要做。这次中央金融工作会议是一个开端，它开启了中国金融改革和发展的新阶段。为了实现这些目标，我们需要付出更大的努力，开展长期扎实的工作。我们建设金融强国的前途是光明的。

中国经济 50 人论坛丛书
Chinese Economists 50 Forum

第七章　谋划新一轮财税改革[1]

许善达[2]

---

[1] 本文根据 2024 年 4 月 18 日长安讲坛第 413 期内容整理而成。
[2] 许善达，中国经济 50 人论坛成员、国家税务总局原副局长。

一、回顾 1994 年至今的税制改革历程

从 2023 年底中央经济工作会议到 2024 年底全国财政工作会议，都有一个明确的精神，就是要谋划新一轮财税体制改革。这句话很多年没有提过，自 1994 年税制改革以来，我们做了很多工作，但一直是改革当时确定的与预期目标不同的不规范方案。1993 年设计税制的时候有一个规范方案，考虑到当时的实际情况，推进过程中进行了一些调整。调整方案出台之后，应该说，大家认为还是很成功的，同时也认为当时不规范的制度或政策，或迟或早要逐步往规范的方向改革。

比如增值税，当时规定纳税人购买机器设备税款，即使可以获得增值税专用发票也不许抵扣，这显然是不规范的，不利于鼓励企业投资，很多投资型大企业的税负加重。当时设定的税率是 17%，

仅"购买机器设备税款不能抵扣"一项，就相当于增值税率提高了6个点，我们测算税率达到23%。另外，营业税也不能抵扣，实际税负高于23%，这些不规范的政策要逐步规范。从2003年开始，在东北地区允许购买机器设备税款抵扣，2009年推广到全国。从1994年到2009年，"购买机器设备税款允许抵扣"用了15年的时间。

又比如企业所得税，当时设计的方案是所有企业实行一个所得税，后来研究认为不行，为了吸引外商投资，外商投资企业税负要低于国内企业，所以把统一的企业所得税改成两个企业所得税，即向国有企业、集体企业、私营企业征收国内企业的企业所得税，向外商独资、中外合资、中外合作企业征收外商投资企业所得税，外资企业的税负比国内企业低一半。2007年，第十届全国人民代表大会第五次会议通过《中华人民共和国企业所得税法》，将内外资企业所得税税率统一为25%，2008年实施，2009年起征，从1994年到2009年，"企业所得税统一"用了15年的时间。

再比如营业税，营业税是重复征税，因为购进不能抵扣，所以实际上营业税的税负比增值税高很多。为什么服务业的营业税不改成增值税呢？因为分税制要给地方政府一个主体税种。所谓"主体税种"，就是该税种的收入规模在1万亿元以上。当时企业所得税的规模数量很小，如果再把营业税改成增值税的话，按照中央和地方75∶25的分配比例，地方政府没有什么大的税种，收入无法保证。为了让地方有一个主体税种，还保留营业税。当时大家都知道，营业税或迟或早要改成增值税，这一点没有异议，只是对于何时改、怎么改有不同意见。营业税改增值税比前两项改革（购买机器设备税款允许抵扣、企业所得税两税合并）的难度更大，虽然提出很多方案，但没有一个方案被大家接受。

2009年国务院发布《关于推进上海加快发展现代服务业和先进制造业建设国际金融中心和国际航运中心的意见》（国发〔2009〕19号），上海市委组织人员研究如何建成国际航运中心，涉及很多改革的内容，其中有一项就是营业税改增值税。后来上海向中央申请，把上海与航运有关的营业税改成增值税，同时提出两点：一是营业税改增值税以后，上海税收减少的部分自己承担，不要中央补贴；二是由于营业税改增值税，这几种服务业企业税收负担下降，上海的税收已经有损失，而这部分税收本来就是上海的，如果再按75∶25分配，地方财政无法承受，因此要全部还给上海。中央同意了上海的申请，批准在上海试点几个税目营业税改增值税。

2011年，房地产税也开始试点。为什么提出房地产税呢？1994年设计的分税制，确定中央财政收入超过50%，但没有完全实现中央和地方财政税收和支出的关系比例，地方收入少、支出责任多，中央财政收入少、支出责任更少。解决办法无外乎两个，在保持中央财政对地方财政转移支付的前提下，要么中央把一部分收入划转地方，要么中央承担更多支出责任，这样才能平衡。但是中央财政也觉得收入不多，不能划转。当时就有专家提出，地方财政收入不足是客观事实，应该增加地方财政收入，可以考虑征收房地产税。这个观点提出之后，很多人反对，认为中央和地方的关系通过加征房地产税来缓解，在逻辑上是有问题的。后来为什么还是试点房地产税呢？因为当时房价上涨很快，一批专家提出，征收房地产税不是为了缓解中央和地方的关系，而是抑制房价上涨，同时还可以解决两个问题：一是增加地方财政收入，二是调节居民收入差距。这个意见被采纳之后，2011年经国务院批准，财政部、国家税务总局、住房和城乡建设部联合发文，在上海和重庆试点房地产税。当时我在《财经》杂志发表万字长文指出，征收房地产税对抑制房价上涨、增加地方财政收入、调节居民收入差距的作用有限。这个问题引起广泛的争论。上海营改增试点几个月以后，很多地方政府也向国务院申请试点，而上海、重庆试点房地产税之后，没有一个地方政府申请加入。房地产税试点到现在已经十多年，没有公布试点报告。我们到上海做过调查，试点没有实现预期效果。

房地产税立法提上日程之后，受全国人大常委会法工委的委托，北京大学与林肯研究院城市发展与土地政策研究中心收集整理了世界上40多个国家的房地产税税制并翻译成中文，提交全国人大常委会法工委参考。根据该中心收集的信息，征收房地产税的是土地私有制国家或地区，没有找到土地公有制国家或地区征收房地产税的案例。后来有人提出，香港特别行政区的差饷与房地产税类似。差饷是对物业单位的拥有人及占用人征收的税项，主要是按征税地的房产价值或租值，抽取一定比例的款项作为差饷。差饷实行专款专用，原来主要用于警政开支，后来扩大用于支付街灯、供水、消防等市政开支。为什么叫差饷，不叫房地产税呢？因为香港地区的土地归政府所有，不能向居民征收房地产税，但是警政开支需要经费，于是以差饷的名义从房产上收税。法学界的专家表示，对作为非土地所有者的居民征收财产税，在法理上是说不通的。差饷以房地产为计税依据属于目的税，没有法理障碍。2021年，第十三届全国人大常委会第三十一次会议决定，授权国务院在部分地区开展房地产税改革试点工作，试点期限为5年，试点过程中应当及时总结试点经验。

相比之下，营改增的试点效果显著。举个例子，上海的广告业实行增值税，当时苏州的广告业还在实行营业税，上海试点几个月以后，苏州税务局发现本地的广告公司业务量急剧下降，因为增值税发票可以抵扣，所以很多苏州企业把广告业务转到上海。苏州营业税收入减少，而上海征收增值税以后的抵扣发票拿到苏州抵扣增值税。所以苏州也提出申请，要求加入上海营改增四个税目的试点。国务院研究之后，从2012年8月开始到11月，上海营改增试点的几个税目在全国推行，这几个行业的税负大大降低。2013年上海试点方案正式推向全国。

对于鼓励发展高科技重资产企业而言，营改增是一项非常重要的支持措施。因为高科技重资产企业的投资总额中有相当一部分是基建，越是重资产企业，基建规模越大。原来营业税是不能抵扣的，营改增之后可以抵扣，这对于高科技重资产企业是非常大的支持。2016年营改增全面完成以后，我国开始强调高科技重资产是税收政策支持的一个重要领域。

2017年财政部、国家税务总局公布了2016年的减税情况，但是很多企业的获得感不强。时任全国政协主席俞正声要求经济委员会组织调查，我也受邀参与这项调查。我们调查组到北京、上海、天津、苏州、南京等地进行调查，最后我起草了调查报告，全国政协召开会议专门听取汇报。报告中提出三条结论：第一，无论区域还是行业，没有发现未落实减税的情况；第二，一些营业税纳税人没有及时拿到采购的增值税发票，税负肯定上升，感受不到减税效果；第三，高科技重资产企业在投资期间的税负是增长的。

企业获得感不强有两个原因。

第一个原因，原来营业税纳税人对购进发票的属性要求不高，因为购进发票对营业税影响不大，所以对购进发票的属性不是很重视。营改增之后，销项税率不是3%、5%，而是17%，如果拿不到购进增值税发票，那么税负不降反升。我们了解到很多企业拿到的还是普通发票，没有要求供货方开具增值税专用发票，所以没有进项增值税抵扣。一年多以后，特别是经过培训以后，企业才慢慢明白。

第二个原因，对于投资企业特别是高科技重资产投资企业，营改增之后基建的增值税也可以抵扣，但是重资产企业的特点是投资周期长，如修路、盖房、购买和安装设备等，所有购进都是增值税发票，但是投资期有进项，没有销项，所以这些企业在投资生产前一段时间的销项很少，进项很多，都不能抵扣。1994年设置的增值税方案参照欧洲税制，它的一个规范制度是每个月增值税清零，这个月如果销项多、进项少就缴税，如果进项多、销项少就退税。当时财政收入不多，如果当月退税承受不了，而进项抵扣是纳税人的权益，怎么办？后来采取了折中的办法，就是现在不退，但在账上记着，等企业以后有了销项再来对冲。有些企业，比如面粉企业，小麦收购是有季节的，收购的当月肯定进项多，生产周期是一年，进项多就先不退税，下个月对冲一点，反正全年下来都对冲掉。当时解决的是这些企业的问题，但是范围很小。营改增以后，比如购买机器设备税款很多，但是新设备还没投产，哪有销项？重资产企业在投资期间进项税急剧增长，当时拿不到退税，等着生产销售以后逐月对冲。举一个典型案例，武汉有一家企业叫长江存储，其留抵税款在高峰时达到 100 亿元。这本质上是政府的无息负债，企业只能提高资产负债率，再去融资并支付利息。如果是上市公司，这种情况一定会对股价有影响。我们发现 2016 年以后，很多高科技重资产企业的留抵税款迅速增加，这些企业体会不到减税效果。

全国政协批准了经济委员会的报告之后递交国务院，2018 年中央开始提出解决留抵税款问题，把留抵税款改为退税。但是留抵税款规模很大，只能先解决增量部分，2017 年的在账上记着，2018 年的有了收入就退。从 2019 年开始，财政部把留抵退税指标分配到各地，实行一年以后，很多企业反映，各地税务局有自由裁量权，在额度分配上存在不公平。后来就进行了改革，按照一个公式来计算哪家企业该退多少，计算结果向企业公布，企业可以对比自己拿到的退税额度，如果有疑问可以找税务局，这就缓解了额度分配不合理的情形。

后来对留抵税款进一步研究，得出一个结论：留抵税款的性质是政府负债，财政收入除了用于政府开支，每年还向企业投资，很多新增国有资产就是留抵税款投资形成的，因此政府要变现一部分国有资产来退存量留抵税款。这个结论争议很大，虽然过程艰难，但最终还是达成共识。当时国务院决定动用 1 000 多亿美元的外汇资产（折合人民币 10 800 亿元），退 2021 年以前的留抵税款。对于财政而言，压力非常大，下这个决心很不容易。由于需要将国有资产变现来退存量留抵税款，目前设计方案存在一定的难度，所以暂时先搁置了。

二、新一轮财税改革的一些问题和建议

以上梳理了从 1994 年分税制到现在的税制改革历程。"谋划新一轮财税改革"是现在的新提法，和原来的说法有很大变化。既然是"谋划"，就是还没有确定的方案，就像留抵退税一样，方向已经确定，至于怎么做是操作问题。对于新一轮财税改革，我们也进行了分析，重点讨论几个问题。

第一个问题，宏观税负。宏观税负的概念，无论是财政学、税收学等专业教科书还是学术界，都未形成一致结论。不同专家使用不同的指标进行宏观税负对比，得出的结论也大不相同，财政收入占 GDP 的比重是一个常用的指标。我不赞成用我国宏观税负指标与其他国家进行对比，从而得出宏观税负过高或过低的结论。因为各国发展阶段不同，政府职责也不一样，所以这种简单的对比在逻辑上不成立。比如在新中国成立初期，特别是抗美援朝时期，农业税高吗？不高，因为有战时需要。我认为宏观税负取决于四个因素。

其一，国家安全。过去理解的国家安全是指军事安全、警察打

击刑事犯罪等社会治安，或者国家安全机关抓获间谍，现在是总体国家安全观，内涵更加丰富，比如主粮产量就涉及国家安全，网络安全也涉及国家安全。国家安全的概念比原来的范围扩大了，维护国家安全就需要政府投入更多资源。其二，居民生活水平和社会福利。如果提高公共服务水平，就要提高税负，企业和居民的分配比例就会降低，工资不能涨太多。其三，企业的竞争力。我国过去是封闭的计划经济体制，不存在市场竞争强度问题，改革开放以后，我们有大量的对外贸易，还有很多外国对华投资，我们的内资企业不但要在国内相互竞争，在国际市场也要与外国企业竞争，企业竞争力这个因素就比计划经济时期重要得多。如果企业失去竞争力，政府的税收资源就会减少。其四，政府的管理能力，包括税费征收能力。对于同样的社会活动，如果政府管理能力高，动用的资源就少，宏观税负就会降低，反之，宏观税负就会提高。

第二个问题，减税降费。受中信改革发展研究基金会委托，我们承担了国家高端智库立项、国务院研究室"减税降费问题研究"的课题。调研结果显示，中国企业税制竞争力低于美国、欧洲和日本，这是我们经过反复论证得出的结论。

美国特朗普和拜登两任政府都采取了大规模减税措施，企业所得税税率由原来的33%降到21%，比中国的25%还低。另外根据美国税收政策，海外投资盈利按照35%的税率缴税。同时还有一条规定，企业把利润汇回美国时才缴税，在没有汇回美国之前属于应缴税额，可以先不缴税。因此很多美国企业在海外总部的账面上有大量应缴税款，这是合法的，相当于政府给予的无息贷款。在特朗普进行改革的时候，这些款项的规模有 3 万亿美元左右，按照 35% 的税率，有 1 万亿美元的税在海外企业账户上。特朗普上台后通过一项法案，凡是汇回美国的利润减税 60%～80%，也就是说，原来 35% 的税率现在只要按照最高 14%、最低 7% 缴纳。2018 年美国开始实行这项税收优惠政策，前三季度完税后，企业利润是 6 000 亿美元。企业拿到钱之后，把其中 4 000 亿美元用于回购公司股票（道琼斯指数突破 30 000 点），剩下 2 000 亿美元投入研发（相当于美国 GDP 的 1 个百分点）。这项政策极大地增强了企业的竞争力，促进了美国企业和整个经济的发展。几年来，拜登政府又给美国的一些高科技企业补助巨额政府拨款，道琼斯指数突破 38 000 点。

另外，美国税收政策规定，资本利润率超过 10% 的部分免税，其逻辑是正常资本获利 10% 已经足够，10% 以上的利润来源是无形资产，包括技术、专利、品牌等，对于这部分获利不征税。类似的税收政策还有很多，无法一一列举。

可见，美国为了鼓励高科技重资产企业发展，在税收政策上做出了重大的调整。减税措施力度之大，超出我们的想象。而且减税是有针对性的，包括研发、无形资产都享受减免优惠。现在美国股市中股价最高的都是高科技重资产企业，比如英伟达的市值在 2024 年 2 月 23 日突破 2 万亿美元。为什么资本市场这么认可它的价值？因为这类企业有巨大的增值潜力。

发达国家在提高企业税制竞争力这个领域已经做出积极探索，而且还会进一步改革。税制竞争力是影响宏观税负的重要因素，我国企业税制竞争力低于美国、欧洲、日本，无论是在国际市场还是在国内市场，我国企业与外国企业相比竞争力偏低。

关于财税改革我们也提出了建议，一个重要的结论是，我国职工养老制度存在一个严重的缺陷。按照现行的职工养老制度，在缴纳社保的时候，个人扣8%，企业扣16%，加起来是24%，这笔钱进入统筹账户。职工退休之后从社保领取退休金，如果统筹账户余额不足以支付退休金，将由财政补贴，现在财政每年要拿出一笔钱来弥补收支缺口。这种机制有不合理性，因为财政补贴缺口不仅使低收入群体获益，高收入群体同样获益。财政补贴应该补给达不到最低养老金水平的人，高收入群体不应享受补贴。现行的养老金制度要改革，建立一个新的多支柱体系。

第一支柱是保证中国任何一个居民（包括农村人口和城镇人口）在退休之后能够领取摆脱绝对贫困的养老金。2020年贫困户脱贫要达到人均年收入4 000元，按照物价每年上涨3%来计算，2024年脱贫标准应为人均年收入4 500元左右。我们的建议是政府只承担全社会居民最低的养老金保障，那些高收入人群可以把钱放在第二支柱。总而言之，现在的养老金制度就像改革之前的税收制度存在一些不合理安排，需要逐步规范。

其他税制改革建议也需要财政在收支平衡中全面测算决策。

中国经济 50 人论坛丛书
Chinese Economists 50 Forum

第八章　乡村振兴和城乡融合[1]

陈锡文[2]

---

[1] 本文根据 2024 年 10 月 31 日长安讲坛第 419 期内容整理而成。
[2] 陈锡文，中国经济 50 人论坛成员、中央农村工作领导小组原副组长兼办公室主任。

我很高兴受到中国经济50人论坛的邀请，在长安论坛跟大家交流。党的二十届三中全会作出《中共中央关于进一步全面深化改革 推进中国式现代化的决定》(以下简称《决定》),《决定》共15个部分、60条内容，其中关于农业农村改革的内容主要集中在第6部分，共有4条。我根据学习二十届三中全会《决定》的体会，谈一谈对"乡村振兴和城乡融合"的认识。

一、站在时代和全局的高度深刻领会实施乡村振兴战略的重大意义

党的十九大报告明确指出，"中国特色社会主义进入新时代，我国社会主要矛盾已经转化为人民日益增长的美好生活需要和不平衡不充分的发展之间的矛盾"。2018年9月21日，习近平总书记在

十九届中共中央政治局第八次集体学习的讲话中指出："我国发展最大的不平衡是城乡发展不平衡，最大的不充分是农村发展不充分。""三农"工作成就巨大、举世公认，但受制于人均资源不足、底子薄、历史欠账比较多等因素，"三农"仍然是一个薄弱环节。与新型工业化、信息化、城镇化相比，农业现代化明显滞后，主要表现在农业生产效率相对较低，仅为非农产业的25.3%（根据2021年数据）。农业从业人员总体素质不高，留在农村从事农业的人年龄普遍较大，且文化层次偏低。国内粮食等农产品的价格普遍超过国际市场，农村基础设施和公共服务落后于城市。城乡居民人均可支配收入之比为2.5∶1，人均消费支出之比为1.9∶1。城乡之间发展差距很大，农村发展明显滞后，这是党中央强调全面推进乡村振兴、加快建设农业强国的一个重要原因。

长期以来，城乡居民收入差距都是社会关注的焦点问题。改革开放40多年来，城乡居民收入差距经历了两个"马鞍形"变化。改革开放之初，由于农村改革在先，城乡居民收入差距是明显缩小的，这是第一个"马鞍形"变化。城镇改革开始之后，情况发生了变化，城乡居民收入差距进一步扩大，一直持续到21世纪初。从2004年开始，城乡居民收入差距再次缩小，呈现出第二个"马鞍形"变化，目前仍处于下降过程中。

1978年，城镇居民人均收入是343.4元，农民可支配收入只有133.6元，城乡居民收入之比是2.57∶1。由于农村改革率先开始，而城镇改革还没有开始，所以农村居民收入增长比较快。1985年，城乡居民收入之比降为1.86∶1。此后差距再次扩大，2003年城乡居民收入之比是3.12∶1，达到现有统计资料中的最高峰。之后差距开始逐步缩小，2023年城乡居民收入之比降到2.39∶1，城镇居民人均可支配收入是51 821元，农民是21 691元。从2003年到2023年，历经20年的努力，城乡居民收入差距缩小了23.4%，成绩显著。但2023年与1978年相比，应该说缩小比较有限。坦率地说，缩小城乡居民收入差距不是一件容易的事情。我们希望到2035年城乡居民收入差距应当控制在2∶1以下，因为那时我国已经基本实现现代化，而其他基本实现现代化的国家，其城乡居民收入差距都不超过2∶1，这是一项非常艰难的任务。

2017年12月28日，习近平总书记在中央农村工作会议的讲话中指出，"现在，我们很多城市确实很华丽、很繁荣，但很多农村地区跟欧洲、日本、美国等相比差距还很大。如果只顾一头、不顾另一头，一边是越来越现代化的城市，一边却是越来越萧条的乡村，那也不能算是实现了中华民族伟大复兴。我们要让乡村尽快跟上国家发展步伐"。这就要解决好发展的不平衡不充分问题，只有把这个主要矛盾解决了，才能使广大农民群众跟全国人民一道实现对美好生活的需要，实现全体人民共同富裕的现代化。

乡村振兴是中国特色社会主义新时代的要求，也是解决当前社会主要矛盾的要求，这是理解乡村振兴重要意义的第一个层面。

认识乡村振兴重要意义的第二个层面，要从党的二十大报告中看。习近平总书记在党的二十大报告中，对全面推进乡村振兴的任务进行部署的时候提出一个新要求，就是要"加快建设农业强国"。党的十九大报告提出实施乡村振兴战略，总要求有五个方面：产业兴旺、生态宜居、乡风文明、治理有效、生活富裕，那时还没有提到农业强国的问题，党的二十大报告中则明确提出要"加快建设农业强国"。

我认为党的二十大报告中最闪亮的一点，就是提出了"中国式现代化"这个理念。一是人口规模巨大的现代化。经合组织的38个成员国总人口加在一起是10亿人，中国如果实现现代化，人口规模就超过世界上所有已经实现现代化的国家的总人口。二是全体人民共同富裕的现代化。三是物质文明和精神文明相协调的现代化。四是人与自然和谐共生的现代化。五是走和平发展道路的现代化。把这五个方面与美西方国家的现代化相比较，就可以看出存在很多本质性的差别。

党的二十大报告为什么要提出中国式现代化？这是一个非常重要的、对全世界的政治宣示。这个宣示表明，在当今国际形势下，中国的现代化不会走美西方国家走过的路，中国无论如何都不会变成美西方国家的附庸。为什么在这个时候提？一段时间以来，美西方国家对中国的现代化进行打压和遏制，妄图使中国停止现代化进程。针对这种情况，党的二十大报告提出中国式现代化，实际上是要明确中国不仅要建成现代化国家，而且在这个过程中要有底线思维，要增强危机意识，要准备经受风高浪急甚至惊涛骇浪的考验，这是不可避免的。

美西方国家如果搞脱钩、断链，对我们影响最大的是什么？2024年7月，美国驻日本大使拉姆·伊曼纽尔在东京发表讲话，核心内容是如果掐断中国的粮食和能源进口，就能遏制中国的经济发展。受到资源禀赋的限制，食物保障和能源供给确实是我们的软肋，必须通过进口来弥补国内供给的不足。能源问题暂且不谈。从粮食问题来看，从改革开放到现在，尤其是进入21世纪以来，我国粮食的进口规模在逐渐扩大。

这些年来，党中央对粮食生产和能源安全高度重视。2013年12月23日的中央农村工作会议指出，"要坚持以我为主、立足国内、确保产能、适度进口、科技支撑的国家粮食安全战略。中国人的饭碗任何时候都要牢牢端在自己手上。……集中力量首先把最基本最重要的保住，确保谷物基本自给、口粮绝对安全"。

新中国成立以来，特别是改革开放以来，我国粮食生产的成就是巨大的。回顾历史，自有现代统计以来，民国时期粮食产量最高的年份是1936年，当时粮食总产量是3 000亿斤左右。1937年抗日战争全面爆发，粮食产量开始下降。1949年全国粮食总产量是2 264亿斤，比1936年减少了大概1/4。1978年粮食总产量增长到6 095亿斤。应该说，新中国成立以后，在最初的二三十年里，粮食生产取得的成就是巨大的。2024年，全国粮食总产量首次登上14 000亿斤的台阶，达到14 130亿斤。在不到半个世纪的时间里实现132%的增幅，这在全世界范围内没有先例，中国取得这样的成就是非常了不起的。

粮食总产量分几大类，稻谷大概占30%，小麦占20%，玉米占40%，其他豆类、薯类、杂粮占10%。习近平总书记讲"口粮绝对安全"，口粮在我国主要是指稻谷和小麦，占粮食总产量的一半，也就是7 000亿斤左右，保证口粮绝对安全是没有问题的。从21

世纪以来的口粮消费总量来看，2000 年是 6 800 亿斤，2022 年是 5 400 亿斤，口粮总消费减少了 20.6%；人均口粮消费从 2000 年的 532.8 斤减少到 2022 年的 383 斤，降幅 28.1%。这表明人民生活水平不断提高，口粮以外的其他食物越来越充裕。

口粮消费减少，其他食物消费就会增加。过去 22 年中，肉蛋奶和水产品的消费量快速增长，其中肉消费量增加 61.9%，蛋消费量增加 58.3%，水产品消费量增加 93.9%，奶消费量增加 460.4%。另外，食用植物油的消费总量增加 177.8%。肉蛋奶和水产品都是粮食转化来的，食用植物油要用生产粮食的土地资源来置换。从这个意义上讲，粮食是整个食物保障的基础。但是，减少 20.6% 的口粮消费，能不能转化出这么多的肉蛋奶、水产品和食用油？答案是不能且相差很多。吃饱可以无忧，但是以现有的农业资源和生产水平还不能保障吃好。除了棉花、橡胶、木材，其他农产品进口都是为了解决人民吃得更好的问题。我是经历过饿肚子年代的，如果没有油水、没有荤腥，到底需要多少口粮才能吃饱呢？说不清楚。2022 年人均口粮消费 383 斤，那是因为还有大量的肉蛋奶、水产品和植物油消费，否则能不能吃饱还很难说。

从这个角度来说，不能认为口粮绝对安全，就可以高枕无忧了，因为我国仍然面临粮食总供给不足的矛盾。从最近五六年的情况来看，平均每年还要进口粮食 1.5 亿吨左右，其中 2/3 是大豆。2024 年粮食总产量已经超过 14 000 亿斤，折算一下就是 7 亿多吨，那么进口量就相当于国内粮食总产量的 20% 以上。2023 年我国进口粮食（包括大豆）1.62 亿吨，相当于国内粮食总产量的 23.3%。

除了进口大量粮食，我们还要进口相当数量的食用植物油和食糖、肉类、奶类等。有关专家做过计算，根据我国农业生产水平，按照各类农产品的亩产，我国进口的所有农产品相当于在其他国家使用了 13 亿亩的农作物播种面积。正常年景下，我国每年农作物的播种总面积是 25 亿亩多一点，加上农产品进口，相当于需要 38 亿亩的播种面积才能满足我国的农产品需求，从资源角度来看，我国食物的总自给率大概是 70%。

另外，我国粮食安全的结构性矛盾突出。第一个结构性矛盾是口粮充裕，但饲料、油料、糖料三者明显不足。我们进口 1.5 亿吨以上的粮食，其中将近 1 亿吨是大豆。大豆在亚洲地区都算粮食，但在国际贸易中被当作油料作物。我们进口大豆首先用于榨油，一般从美国、巴西进口的大豆含油量在 21%～22%，1 亿吨大豆可以榨出 2 000 万吨以上的豆油，剩下的七八千万吨豆粕，也就是饲料中最重要的植物蛋白，这两部分国内都供应不足。除了大豆，剩下 5 000 多万吨进口粮食中，有一部分是为了弥补国内品种不足。比如泰国香米，这个品种国内没有，需要进口。再比如面粉，根据面筋含量由低到高，小麦可分为软麦、硬麦和特硬麦。软麦中的面筋含量较低，用于烘焙饼干、蛋糕；用高筋麦制作的面粉口感筋道；国人长期食用的馒头和面条是中筋麦，面筋含量适中；还有一种特高筋麦，用它制作的面条久煮不烂，意大利通心粉用的就是这种面粉。最软的麦和最硬的麦，我们都存在供给缺口，所以要进口一部分来补充。这不是总量不够，而是品种调剂。

真正短缺的是饲料，除了进口大豆的豆粕作为饲料，我们还进口很多质量稍低的小麦、碎米、大麦、高粱等作为补充。最突出的问题是总量不足，饲料、油料、糖料都存在较大缺口。我们每年食用植物油的消费量是 3 700 万吨，人均消费超过 50 斤，但是自己生产的食用植物油只有 1 200 多万吨，食用植物油对国际市场的依赖程度超过 60%。食糖现在每年消费 1 600 万吨左右，我们自己只能生产 1 000 万吨，1/3 以上需要进口。品种的结构性矛盾比较突出。

第二个结构性矛盾是区域之间的结构性矛盾越来越突出。隋唐时期，我国粮食供求形成了南粮北运的总格局，隋朝开凿运河，把南方的粮食运到北方，唐朝的时候把粮食运到开封、洛阳等地，后来运到北京。通过隋唐大运河、京杭大运河等水道，把南方的粮食运到北方，这被称为漕运。中国的南粮北运经历了 1 400 多年的历史，但这个局面在新世纪之交发生逆转。20 多年来，由于南方耕地被过多占用，不能生产那么多粮食，粮食增产基本是靠北方，所以出现北粮南运。目前能够调出 100 亿斤以上粮食的只有黑龙江、吉林、内蒙古、河南、安徽，其中安徽产粮地区主要在淮河以北。现在主要靠北方增产粮食，这里面有一个很大的风险，就是北方缺水。粮食种植是高耗水产业，长期以来，北方消耗大量水资源来种粮，已经超采地下水，有些城市发生沉降，如果利用南水北调，那么种粮成本太高，所以这是一个很大的潜在风险。中央这些年一直强调要保护好耕地，推进农业科技进步，只有这样才能使粮食安全有可靠的保障。

从 2009 年公布第二次国土调查数据，到 2019 年公布第三次国土调查数据，10 年之间，全国的耕地面积减少了 1.13 亿亩，这相当于一个粮食大省的耕地面积。全国只有黑龙江、辽宁、吉林、内蒙古和新疆的耕地面积是增加的，这5个地区10年之间增加了9000多万亩耕地。如果没有增加这9000多万亩耕地，那么10年之间减少的耕地将达到2亿亩。西藏的耕地面积持平，25个省份的耕地减少，其中有8个省份的耕地面积减少1000万亩以上，个别地区减少将近2000万亩。所以这几年中央特别强调，要用"长牙齿"的措施来落实最严格的耕地保护政策。

还有科技，尤其是以种业为代表的科技，中央对此高度重视。应该说，新中国成立以来，农业科技进步还是很明显的，农产品的亩产和国际平均水平相比并不低，有的还略高一些，但是和几个强国相比就看出差距了。比如大豆，2023年我国大豆亩产量达到最高水平132.7千克，只相当于巴西或美国的60%。玉米亩产435.5千克，也是历史最高水平，但只相当于美国的60%。应该说，进一步增产还是有潜力的，但要靠科技。

从这个角度去看我国的粮食安全，不能说现在已经高枕无忧。世界上农业发达的国家有美国、加拿大、俄罗斯、德国、法国等，我们看一下这5个国家的谷物供给情况。根据2020年的数据，美国谷物自给率是123.2%，加拿大是184.8%，法国是209.7%，德国是104.2%，俄罗斯是150%左右。可以看到，这些国家的谷物都有富余，可以提供出口。俄乌冲突爆发以来，俄罗斯以一己之力对抗欧盟和北约，之所以扛得住，很重要的一点是俄罗斯的粮食和能源保障是有底气的。有人说，像荷兰、以色列、日本这些国家主要靠进口粮食，也实现了现代化。2020年，荷兰的谷物自给率只有9.4%，以色列是5.8%，日本是32%，确实需要依靠进口来养活国民。但问题是这些国家的人口规模比我们小很多，荷兰人口是1 700万，以色列是1 000万，日本多一些，人口是1.24亿，约相当于我国的9%。作为拥有14亿多人口的大国，如果不能主要靠自己来解决吃饭问题，那就没有人能帮得了我们。

自古以来，中国就有"民以食为天""洪范八政，食为政首"的说法。但是一直到现在，吃饭的问题还没有完全解决好。2013年12月23日习近平总书记在中央农村工作会议上指出："一个国家只有立足粮食基本自给，才能掌握粮食安全主动权，进而才能掌控经济社会发展这个大局。"靠别人解决吃饭问题是靠不住的。如果口粮依赖进口，我们就会被别人牵着鼻子走。9年之后，2022年12月23日习近平总书记在中央农村工作会议上指出："农业保的是生命安全、生存安全，是极端重要的国家安全。当今世界，百年未有之大变局加速演进，新冠疫情反复延宕，来自外部的打压遏制不断升级，各种不确定难预料因素明显增多。一旦农业出问题，饭碗被人拿住，看别人脸色吃饭，还谈什么现代化建设？只有农业强起来，粮食安全有完全保障，我们稳大局、应变局、开新局才有充足底气和战略主动。"这个论述是千真万确的。

所以，乡村振兴要从两个角度去看。第一个角度，进入新时代之后如何更好地解决发展不平衡不充分的问题；第二个角度，百年未有之大变局加速演进，我们面临着很多难以预见的风险和挑战，在这个大背景下，只有农业强起来，确保粮食安全，我们的发展才会有整体的国家安全。

二、巩固和完善农村基本经营制度

《决定》第 6 部分、第 21 条是"巩固和完善农村基本经营制度"。我国农村基本经营制度是以家庭承包经营为基础、统分结合的双层经营体制,是党的农村政策的基石,是在农村改革中逐步形成的一项重要的制度性成果。党的十九大报告中提出,"第二轮土地承包到期后再延长三十年"。2017 年 12 月 28 日,习近平总书记在中央农村工作会议上提出:"明确再延长土地承包期三十年,从农村改革之初的第一轮土地承包算起,土地承包关系将保持稳定长达七十五年,既体现长久不变的政策要求,又在时间节点上同实现第二个百年奋斗目标相契合。"第二句话特别重要,也就是说,在迈向全面建成社会主义现代化强国的整个进程中,我们都要坚持农村基本经营制度。这是深化农村改革和发展农村经济一个非常重要的方面。这项制度有一些极具中国特色的特点,在全世界其他国家很难找到类似的制度。

第一个特点,这项制度充分体现出我们在改革中坚守农村的社会主义性质。我国农村基本经营制度不是凭空掉下来的,它是在若干更重要的基础性制度前提之下产生的。第一,农村土地集体所有制。农村土地属于农民集体所有,这是农村最大的制度。如果这一条变了,农村整个性质就都变了。第二,既然有了农村土地集体所有制,当然需要有主体去承载,所以农村集体经济组织制度也是一个不可或缺的制度。第三,建立农村集体经济组织,最重要的目的是保障每一个集体经济组织成员的权利平等,不能损害任何农民成员的利益。完善农村基本经营制度不是一句空口号，有很实在的内容，就是要坚持农村土地农民集体所有的制度，坚持农村集体经济的组织制度，坚持保障集体经济组织成员权利平等的制度。这是继土改、农业合作化之后，在改革过程中逐步形成我国农村基本经营制度的基础。

第二个特点，这项制度是公平优先、兼顾效率的制度。为什么说它是公平优先呢？首先，只有本集体经济组织成员才能作为承包本集体土地的法定主体，其他人和其他组织都不能替代农民家庭承包集体土地这个主体。其次，集体经济组织的每一个成员的权利是平等的。之所以要公平优先，原因很简单，在"人均一亩三分地、户均不过十亩田"的基本情况下，如果不讲公平，有的农民就会种不上地、吃不上饭。

2018年9月21日，习近平总书记在主持十九届中央政治局第八次集体学习时指出："我国人多地少矛盾十分突出，户均耕地规模仅相当于欧盟的四十分之一、美国的四百分之一。'人均一亩三分地、户均不过十亩田'，是我国许多地方农业的真实写照。这样的资源禀赋决定了我们不可能各地都像欧美那样搞大规模农业、大机械作业，多数地区要通过健全农业社会化服务体系，实现小规模农户和现代农业发展有机衔接。"尤其是在经济发生波动的时候，就更能看到这项制度的重要作用。

习近平总书记在2020年12月28日召开的中央农村工作会议上的重要讲话中，有一段非常深刻的论述，他说："应对风险挑战，不仅要稳住农业这一块，还要稳住农村这一头。经济一有波动，首当其冲受影响的是农民工。2008年国际金融危机爆发，2 000多万农民工返乡。今年受新冠疫情冲击和国际经济下行影响，一度有近3 000万农民工留乡返乡。在这种情况下，社会大局能够保持稳定，没有出什么乱子，关键是农民在老家还有块地、有栋房，回去有地种、有饭吃、有事干，即使不回去心里也踏实。全面建设社会主义现代化国家是一个长期过程，农民在城里没有彻底扎根之前，不要急着断了他们在农村的后路，让农民在城乡间可进可退。这就是中国城镇化道路的特色，也是我们应对风险挑战的回旋余地和特殊优势。"

这项制度首先是要保证每个农村集体经济组织成员在承包集体土地上的权利平等，这是国情所决定的。我国刚开始承包土地的时候有八九亿农民，如果不能确保农民户户有地种、家家有房住、人人有饭吃，就会出大乱子。随着改革的深化和经济社会的发展，在有条件的时候，我们还是要讲效率。到目前为止，我觉得这项制度仍然是公平优先、兼顾效率的制度。

改革之初提出了农村土地集体所有权和家庭承包经营权可以两权分离，这个制度被大多数人接受。到了2013年底，习近平总书记在中央农村工作会议上第一次提出，"顺应农民保留土地承包权、流转土地经营权的意愿"。当时农民进城务工，从事各种各样的工商业，有人不再经营土地，但又不想承担太大风险，所以农民的意愿是保留承包权、放活经营权。顺应这个形势有了"三权分置"的制度创新，即农村集体土地所有权、承包权和经营权这三权分置并行。在此之前，我们从来没有把土地承包经营权这个概念分开。十八届三中全会《中共中央关于全面深化改革若干重大问题的决定》中提出，流转、抵押、入股都是土地承包经营权。但承包权是一个农民集体经济组织的身份性权利，这个身份性权利怎么能流转、抵押、入股？在当时，很多问题还没有讲明白。时隔一个多月，习近平总书记在中央农村工作会议上明确提出，把农民土地承包经营权分为承包权和经营权，才把这个问题解决了。

提出"三权分置"的重要目的是，土地承包经营权的初始分配是根据公平的原则，而随着城镇化和农村分工分业的发展，对农户承包土地的经营权可以引入市场机制，把承包到农户家庭的经营权按照效率的原则来配置，谁能更好地使用、谁出价更高，谁就可以获得农户承包土地的经营权。从这个角度讲，农村基本经营制度在公平优先的前提下具备了兼顾效率的条件。如前所言，这项制度从形成到现在的40余年间不是一成不变的，而是在不断创新和完善；因此，这项制度具有很强的适应性和很大的包容性。

很多人认为小规模农业很难实现现代化，倡导推进土地流转集中、搞规模经营。规模经营是实现现代农业的基础，但有些同志对现代农业的认识存在片面性，似乎只有新大陆国家（南北美洲国家、澳大利亚等）的大规模农业机器作业才是现代农业，要向这些国家学习。我认为我们没有那个条件，不应该学也不可能学。

在农业经济学中，所有国家的农业被分为两大类：一类是传统国家农业，另一类是新大陆国家农业。传统农业国家指的是农耕文明历史特别悠久的国家，像我国，农耕文明至少有8 000年以上的历史。农耕文明历史悠久，人口繁衍多，所以这类国家的特点就是人多地少，只能发展小规模农业。而对于新大陆国家来说，哥伦布发现新大陆以后，欧洲国家的殖民者来到新大陆，大量掠夺原住民的土地才发展起来农业。新大陆国家的历史往往只有三四百年，人口繁衍少。人少地多，因此新大陆国家可以发展大规模农业，搞两三万亩耕地的家庭农场。这是在特定历史背景下形成的，过程中充满着血腥印记。17—18世纪，欧洲人大规模向新大陆移民，欧洲人口基数降低。这里又是工业革命较早发生的地方，城镇化推进早，农业人口转移多，所以才使欧洲有了现在规模较大的农业。

中国式现代化是走和平发展道路的现代化，不可能去学新大陆国家的农业。我们要通过扎扎实实地推进工业化、信息化、城镇化来逐步转移农业人口，逐步扩大农业的经营规模，这是一个长期的过程。内蒙古、黑龙江、新疆等地学习新大陆国家的农业是可以的，但是全国绝大多数地区只能相对扩大一点规模。土地改革完成以后，农民憧憬的是"三十亩地一头牛，老婆孩子热炕头"，这是那个时代农业要素配置的理想状态。现在的情况很不一样，农业技术装备飞速发展，如果让农业技术装备充分发挥效率，那得要多少亩地？之所以搞小规模，是因为不能轻易把农民从土地上赶走，这在相当程度上体现了公平正义的要求，也是社会稳定的要求。从经济上看肯定损失效率，但我们要算总账，如果影响社会安定的话，经济上提高的效率就得不偿失。这就提出一个现实的问题，农业小规模怎么搞现代化？应该说，中国农民的想象力和创造力确实是不可比的。家庭承包经营、统分结合这个制度是中国农民创造的，在农民实践的基础上，党中央提出"三权分置"就是为了扩大规模。

这段时间以来，农业人口逐步减少，农民承包土地的经营权流转也在不断增加。根据农业农村部的统计，到 2023 年底，承包到户的农地经营权面积流转了 5.67 亿亩，相当于全部家庭承包耕地总面积的 36.73%。从流转速度来看并不是很快，因为很多农民担心有风险，还是把经营权放在自己手里。已经流转出来的 5.67 亿亩，催生了一批以家庭农场和农民合作社为主的新型农业经营主体，经营规模比较大。那么，流转多少土地才能形成有效率的规模经营？对于这个问题要实事求是去研究。目前在农业农村部注册登记的家庭农场有 400 万家以上，但是家庭农场的平均规模是 177 亩地，用什么样的要素配置，才能让 177 亩地真正提高效率？我是种过地的，177 亩地是一个很尴尬的规模。家庭经营可以从 10 亩地逐渐增加到 20 亩、30 亩、50 亩、80 亩甚至 200 亩，一些农民合作社能达到一两千亩，但从现代农业技术装备的作业能力来讲，已经远远超过这个水平，从二三十亩到一两千亩，都是规模不经济的状态。

　　55 年前我下乡到黑龙江，当时黑龙江生产建设兵团的机械化水平在全国是最高的。我们的配置是一台东方红 54 型链轨拖拉机（主机），后面带着犁、耙、播种机、镇压器、中耕机、喷雾器和粮食收割机。这一系列设备称为一个台套，一个台套一般配三四个人。按照当时的要求，一个台套的作业面积是 3 000～3 500 亩地。现在黑龙江大农场用的是 550 马力的拖拉机，可以实现 GPS（全球定位系统）定位和人工智能驾驶，把地理信息输入设备中，机器就自动运行，息人不息机，24 小时可以耕地 5 000 亩。这种大规模作业的设备，多大的农场才能用得起？我们国家土地流转集中规模经营虽然有进展，但还处在一个从量变到质变的过程中。真正要让农业经营者独立购置全套现代化的农业作业装备，目前的土地规模还差得远。

在现有家庭经营土地规模下，现代化农业作业装备就不能用了吗？不是。农民的创造力非常厉害，他们创造了一个概念——农业社会化服务，就是指购买成套农业机械，不仅自己用来耕种，而且更重要的是为没有购买机械的人服务。比如，现在民用无人机超过200万台，其中大概1/4（50万台）是农用无人机，一台农用无人机给一亩地施肥喷药只需要两三分钟，如果农民只是买来用在自家的10亩地上肯定是赔钱的，所以他在购买的时候就已经考虑无人机可以为哪些人服务，市场在哪里。2023年全国主要农作物耕种收的综合机械化率为73%，主要是三大谷物品种，其中小麦的综合机械化率接近百分之百。这么高的机械化水平，不可能是所有经营者都自己购买设备，它主要是通过农业社会化服务来实现的。

这些年来农业社会化服务发展迅速，根据农业农村部的资料，目前全国从事农业社会化服务的主体有109.4万个，服务覆盖的农户有9400多万户，覆盖的农作物面积达到21.4亿亩。从这个意义上看，现阶段不仅是小规模农户，而且大多数规模经营的新型主体也都离不开农业社会化服务的支持，农户和新型农业经营主体要么购买服务，要么利用自己购买的农业机械为别人提供服务，从而扩大农机的作业规模。

家庭经营加上"三权分置"，再加上社会化服务，就把公平优先和兼顾效率更紧密地联系起来。很重要的一点是，农业社会化服务解决了耕地的经营规模和农业机械作业规模的合理配置。如果每一个经营农户都去配置，成本很高且效率很低。通过社会化服务这种方式，使10亩、8亩地的小农户，200亩地的家庭农场，再到一两千亩地的农民合作社，都可以充分利用先进的农业技术装备提高经营效率。这是一个非常了不起的创举。

10年前，我跟日本农林水产省事务次官小林芳雄交流，谈到中国的农业社会化服务，他去中国农村考察之后大为吃惊，认为这是非常好的经验。日本的农业家庭经营规模也不大，现在平均规模是30亩左右。为了推进现代化，日本政府提供大量补贴，让农民购买各种小型农业机械，不仅内阁补贴，都、道、府、县和市、町、村也给补贴，最后农民只花很少的钱就可以购置设备。这类补贴很多，成本也非常高。

现在日本也开始推进土地流转集中规模经营，尤其在应对全球金融危机的时候，时任首相安倍晋三提出振兴日本经济"三支箭"的主张（即所谓"安倍经济学"），其中一支箭是结构性改革，在农业方面要解决农业的高成本问题。他提出农民把土地交给（隶属地方政府）土地银行，由土地银行向外出租土地，农民可以获得补贴，以此来鼓励农民（尤其是高龄农民）放弃土地经营权。由于农民对土地是有情结的，所以这项改革面临两个现实问题。

第一个问题，农村社会是熟人社会，家庭几代之间都是有人际往来的，如果两家有过节的话，绝对不会出租土地，在信息不对称的情况下，地就租不出去。于是"安倍经济学"提出，农民把土地交给土地银行出租，必须实行"白纸委托"，就是农民同意出租土地并获得租金，但不能指定承租人。对农民来说，这个要求很难行得通。

第二个问题，很多老年农民确实无法承担太多的体力劳动，但他们有很多农机，把土地租出去之后，闲了两个月觉得很难受，农机也闲置着，于是又把地要回来，自己开农机当作锻炼身体。只要农机还在手里，农民随时可能重新把地拿回来。针对这种情况，日本政府规定，如果把土地交给土地银行出租并且领取政府补贴，农户必须自行销毁全部农机。显然，这个规定也很难落实。

小林芳雄跟我说，"如果知道你们有农业社会化服务的经验，我们早点学习就可以省下很多钱"，我说我们也尚在试验之中。现在看，中国的农业社会化服务之所以成功，是因为有制度保障。中国的农村基本经营制度坚持了社会主义原则，坚持了公平正义，保证了在社会快速转型和深化改革的过程中，户户有地种、家家有房住、人人有饭吃，也保证了社会快速转型时期的稳定，特别是农村社会的稳定。

农村改革40多年来，我们在保证公平的基础上也可以讲效率，而且找到了有效途径，这就是土地"三权分置"加上农业社会化服务。正是从这个意义上讲，我们要充分理解党中央提出的"第二轮土地承包到期后再延长三十年"，这符合我们的国情。同时，对于《决定》强调"巩固和完善农村基本经营制度"，我们要有深刻的认识。这是一项具有中国特色的中国制度，是充满活力且有效的制度。

三、城镇化、农业转移人口市民化和城乡融合发展

《决定》的第 6 部分是"完善城乡融合发展体制机制",第 20 条提出"健全推进新型城镇化体制机制"。这里至少涉及两个大问题。

第一个问题,推进农业转移人口市民化。

改革开放以来,我国城镇化进程快速推进。2023 年,常住人口城镇化率已经达到 66.2%,接近 9.4 亿人常住在城镇,农村常住人口降到 33.8%,大概是 4.8 亿人。一方面,城镇化是现代化的必由之路,哪个国家搞现代化都不可能不走城镇化道路;另一方面,已有的城镇化遗留了不少问题。其中最大的问题是,在被统计的将近 9.4 亿城镇常住人口中,有 2.6 亿左右是进城但没能落户的农民工及其家庭成员,这个规模是日本人口的 2 倍。如果落户不解决,那么一味鼓励农民进城是有问题的。到现在为止,我国人均 GDP 是 12 000 美元,而经合组织的人均 GDP 是 30 000 美元,我们只相当于其 40% 的水平。所以,在城镇化、农业转移人口市民化的问题上,我们必须尽力而为、量力而行,要通过持续发展去逐步解决那些问题。

根据我们的调查,农民进城最起码要解决三大问题。一是就业。农民进城就业,要有比在农村就业更高的收入。当然,就业靠市场调节,经济不可能一帆风顺,总会有起有落,就业也会有波动。现在我们的经济增长速度明显降下来,让农民进城就要有一个基本考虑:进城干什么?有没有那么多的就业机会?农民自己也会

做出判断。

二是住房。由于没有城市户籍，大多数农民工进入城市之后很难享受政府提供的保障房，个别地方做得好一点，但是解决的问题也很少。我们调查了东南沿海一个省份的情况，该省目前农业转移人口将近2 800万人，其中本省有200多万人，外省转移人口占全部转移人口的90%以上。这些人在城里的居住问题是怎么解决的呢？6%的农民工已在城里有了自购房产；18%的农民工由单位解决居住，基本住在集体宿舍或者建筑工地的工棚里；还有一部分农民工，笼统计算占比8%，主要是居家保姆住在雇主家里，或者个体户住在店内仓库。以上三个部分加在一起占到32%，还有68%只能租住私人房屋，包括地下室、合租房和城乡接合部的农民房屋。城市自购房可以落户，而住在单位宿舍或雇主家里基本不能落户。有几个省份提出先行先试"租房可落户"，但操作起来可能有很大困难，因为居住私人房屋不是由政府提供的，绝大多数房东不会同意租户用自己的房产落户。有人提出由政府出资购买闲置或烂尾的房屋用于保障住房，但是现在需要解决居住的有2.6亿名农民工及其家属，至少当前是做不到的。所以，农民工住房问题到现在也没有很好地解决。

三是公共服务和社会保障。农民工最希望解决的是子女在城市上高中、考大学的问题。现行政策是农民工的随迁子女可以在城市接受义务教育，但到十五六岁上高中的时候就要回到原籍。教材不一样，父母也不在身边，这是很残酷的。最近国家出台政策，除了提供义务教育，还可以让农民工子女在当地城市上职业学校，但这个政策可能吸引力不大。让农民工子女在城市上高中，这是难倒很多市长的问题，因为这会增加本地的考生人数，降低高中和大学的录取率，城市居民一定会有反对意见。从本质上讲，还是发展不平衡不充分的问题，因为优质教育资源不足，所以不能一蹴而就。

对于农业转移人口市民化的问题，我们要有足够的历史耐心，世界上其他国家也是花了很长时间才解决的。最关键的是，对于农业转移人口，无论是在城市还是在农村，该提供的公共服务都要切实提供，该保障的权益都要切实保障。发达国家和发展中国家在这个问题上存在巨大差别，发达国家通过侵略、殖民和掠夺积累了大量财富，早已实现城乡基本公共服务和社会保障均等化，在此前提下，农民到哪里都一样。但是绝大多数发展中国家的基本公共服务和社会保障在城乡之间是有差距的，只要存在城乡差距，农业转移人口真正变成城市居民就会面临很多困难。从这个意义上讲，我们努力朝着基本公共服务城乡均等化的方向发展，才能最终解决农业人口市民化的问题。

第二个问题，城乡融合发展。

党的十九大报告提出建立健全城乡融合发展体制机制和政策体系，经过3年多的实践，很多问题逐步梳理清楚。党中央提出要以县域为切入点，推动城乡融合发展，把县域作为城乡融合发展的基本单元。融合发展首先要在一个空间，不在一个空间谈何融合发展？大中城市与乡村不在一个空间，这就要更多地发挥城市的辐射带动作用，促进农村和农民的发展。而在县域范围内，城、镇、村在同一个空间。2020年以后，中央明确要把县域作为推动城乡融合发展的切入点，这是非常重要的。

关于城镇化问题，由于我国人口众多，所以在很长时期内对城镇人口有严格限制。在我的印象中，党中央第一次提出"积极稳妥地推进城镇化"，是在2000年10月十五届五中全会通过《中共中央关于制定国民经济和社会发展第十个五年计划的建议》时，我参加了文件的起草工作。这个文件明确提出，要走出一条大中小城市和小城镇协调发展的城镇化道路。但是20多年过去了，我们的城镇化道路并没有这样走，实际上是通过"虹吸效应"把大中城市做大，很多中小城市进入收缩状态，产业萎缩、人口减少。小城市和县城没有活力，谈何融合发展？2018年9月21日，习近平总书记在主持十九届中共中央政治局第八次集体学习时强调："要把乡村振兴战略这篇大文章做好，必须走城乡融合发展之路。我们一开始就没有提城市化，而是提城镇化，目的就是促进城乡融合。"所以，从一定意义上讲，没有小城镇和县域经济，就不可能有城乡融合发展。

小城镇的发展对农民很重要。农民最希望能够解决的是三个问题：一是就地就近就业；二是享受与当地市民相当的基本公共服务；三是享受与市民差不多的社会保障。我跟农民座谈的时候很有感触，对于大多数农民而言，他们遇到的很多事情在村里就能够解决。现在村里设立了第一书记办事大厅，帮助农民解决问题；如果村里解决不了，就到镇里解决；如果镇里解决不了，就到县里解决；如果还解决不了，对农民来说就是一个天大的事。所以我们要非常重视城乡融合发展，让农民最关注的问题能够在县里得到解决，这对农民来说就是一大福音。20多年前，我国处于改革开放中期阶段，在当时的期刊和出版物中，"小城镇"和"县域经济"是两个非常热的词，但后来逐渐沉寂。现在党中央提出要以县域为切入点推动城乡融合发展，把县域作为城乡融合发展的基本单元，一定会让"小城镇"和"县域经济"这两个词再度热起来。

非常重要的一点是，必须把握好产业布局问题。我们现在面临的情况是"虹吸效应"使产业被大中城市吸纳，小城镇没有产业，而人总是跟着产业走的，当一个县城只剩下农业的时候，就留不住多少人。要从全体人民共同富裕和整个国家的全域现代化来认识产业布局和人口分布上的不合理之处，让那些适合在县域布局的产业逐步下沉内移到有条件的地方去。所谓下沉，就是从大中城市落到中小城市和小城镇；所谓内移，就是从沿海发达地区逐步转移到内地。通过这种方式，把县域的产业留住，使农民在当地能够就业。如果基本公共服务和社会保障与大中城市差别不大，这个地方就能慢慢繁荣起来。

我国有14亿多人口和960多万平方公里的土地，如果只靠大中城市和沿海地区，内地的县域都是空的，就无法保证国家安全，也没有真正的发展空间。从这个角度讲，我们需要认真厘清思路。十五届五中全会提出走符合我国国情、大中小城市和小城镇协调发展的多元化、城镇化道路，我们要对过去20多年的城镇化道路进行回顾、分析甚至反思。按照党中央的要求，把县域经济搞起来，这样才能让城、镇、村真正实现融合发展。

中国经济 50 人论坛丛书
Chinese Economists 50 Forum

第九章　数字时代的公共治理：赋能和挑战[①]

江小涓[②]

---

① 本文根据 2024 年 3 月 26 日长安讲坛第 410 期内容整理而成。
② 江小涓，中国经济 50 人论坛学术委员会成员、国务院原副秘书长、孙冶方经济科学奖评奖委员会主任。

我很高兴再次来到长安讲坛,今天和大家分享的是当前非常热门的话题——数字时代的公共治理,既有赋能,也带来很多挑战,这种挑战在一定程度上远远超出政府管理的边界,是对全社会的挑战。

党和国家高度重视"国家治理体系和治理能力现代化"。党的十八届三中全会提出"完善和发展中国特色社会主义制度,推进国家治理体系和治理能力现代化",这是全面深化改革的总目标。2014年2月17日,习近平总书记在省部级主要领导干部学习贯彻十八届三中全会精神全面深化改革专题研讨班的讲话中指出,"为党和国家事业发展、为人民幸福安康、为社会和谐稳定、为国家长治久安提供一整套更完备、更稳定、更管用的制度体系"。十九届四中全会提出,"坚持和完善中国特色社会主义制度、推进国家治理体系和治理能力现代化"。十九届五中全会提出,"加强国家治理体系和治理能力现代化建设，破除制约高质量发展、高品质生活的体制机制障碍，强化有利于提高资源配置效率、有利于调动全社会积极性的重大改革开放举措，持续增强发展动力和活力"。二十大报告提出，"改革开放迈出新步伐，国家治理体系和治理能力现代化深入推进，社会主义市场经济体制更加完善，更高水平开放型经济新体制基本形成"。

清华大学公共管理学院介绍手册中有院长致辞，对公共管理的学科立意与学术逻辑是这样定义的："公共管理是国家治理体系的重要组成部分，也是极具发展潜力和应用价值的重要学科。"概而言之，公共管理以公共价值为指引，以实现公共利益和社会效益为目标，利用和配置公共资源，制定和实施公共政策，提供和优化公共服务，组织和协调公共关系。在相当程度上，它决定着一个政府运转的效率、经济社会的发展水平和国家治理的现代化程度。我借这个致辞，强调一下公共管理学科的基本立足点是"公共性"，因此数字技术对公共治理的影响不能只看行政效率、服务质量等，还要看对"公共性"的影响。这是我今天报告的一个重要基本点。

今天主要讲三个方面：第一，政府公共治理的主要职责和内容；第二，数字技术为政府公共治理赋能；第三，数字时代政府公共治理面临的挑战。

一、政府公共治理的主要职责和内容

从学术定义来看，公共治理是为社会提供公共品，公共品存在的理由：一是市场不能为，政府不提供就缺乏供给；二是福利最大化，虽然市场能供给，但政府的供给效率更高；三是有些服务人人要享有，市场供给做不到。大概包含以下主要内容。

第一类，非竞争性物品和服务。这是典型的公共品，可以多个消费者同时享用，增加使用者不会减少其他消费者享用的数量和质量。这类物品和服务如果由商业部门或私人部门提供的话会涉及收费，而收费就会限制一些人的使用，不能实现效益最大化，例如公共电视节目、不拥堵的道路等。由政府来提供这类产品，社会福利是最大化的。

第二类，非排他性物品和服务。这种消费是集体型，其效用在不同消费者之间不能分割。例如灯塔，除了非竞争性，还有非排他性。在海上航行的船只都能看得到灯塔，"不付费就看不到灯塔"这一点在技术上根本做不到。再比如国防、治安，不管消费者是否付费，都可以享受这些服务。由于这是一种集体型消费，具有非排他性，不能对每一个消费者进行收费，因此私人不愿提供这类产品，必须由政府提供。

第三类，公共资源保护。这类产品无法排他，但使用方面有竞争性。例如公共河道采砂，河道虽然不是私人的，大家都可以去采砂，但是如果过度开采，河道的排洪和通行功能就会被破坏。再比如污染物排放，当所有人都看到排放的外部性，只顾自己获益，不管环境受损，就一定会造成过度排放，使公共资源受到破坏。这个时候就需要政府来提供管制服务。

第四类，公民权益基本保障。例如义务教育、公共卫生和基本医疗服务、基本社会保障、食品安全等，虽然市场可以提供这类服务，但不能保障人人享有，需要由政府来提供。

第五类，社会发展基本条件。例如稳定物价、大科学项目、公平竞争秩序、收入分配再调节等，如果政府不提供这类公共品，经济发展和社会稳定所需要的基本条件就难以保障。

我国关于政府职能的定义，本质上也是这些公共品。2002年十六大报告提出了十六字的政府职能，即"经济调节、市场监管、社会管理、公共服务"。十八届三中全会《中共中央关于全面深化改革若干重大问题的决定》明确提出："加强中央政府宏观调控职责和能力，加强地方政府公共服务、市场监管、社会管理、环境保护等职责。"大家可以对应上面所讲的"公共品"的定义去思考。

二、数字技术为政府公共治理赋能

在没有数字技术的时候，政府部门做的很多事，在质量、数量和颗粒化程度上都受到很大限制。有了数字技术之后，公共治理会极大地提高效能。在经济调节上，掌握实时精准数据并进行结构化调控；在市场监管上，精准掌握和处置各类违规违法行为；在社会管理上，及时应对各类问题并赋能各方共同治理；在公共服务上，共享优质服务资源和满足个性化需求。

（一）经济调节：掌握实时精准数据并进行结构化调控

政府为什么要调控经济，为什么不能让企业根据价格信号自主决策呢？一个重要的理由是，政府掌握全面的信息，有公共立场。

现在，政府可以得到更多实时和细颗粒度的数字化指标，印证并判断宏观经济形势。宏观经济变量，如增长、投资和消费等，与许多实物指标和运行指标有非常确切的相关性，比如用电量、货运量、工程机械销售、使用工时等。这些指标直接从互联网、物联网的实时数据中汇聚产生，真实性和时效性非常好，颗粒度能细化到最小生产单位和施工单位，为政府调控经济提供有效信息。

例一：从挖掘机指数看固定资产投资总体情况和分类情况。挖掘机指数就是指链接多台工程机械，观察是否开机、在做什么，精准描绘基础建设开工率等情况，它成为观察固定资产投资等经济变化的风向标。现在的数据来自三大工程机械销售设备商，有80%的设备在联网，数据还是很准确的。网上曾经流传一些展示图，称地方为了让数据好看，开动挖掘机在山上空挖，我觉得这种做法既费电又费人工成本，还可能只是短期行为，不影响指标的准确性。

例二：从物流指数看经济景气情况及分行业、分地区情况。通过对车辆的运营里程、运营天数、运营时长、运价和货运周转量这五个因子进行整合分析，设置不同的权重，以数据均值为基准，结合车辆数据库、地图路网数据库，最终形成分区域、分车型和分场景的景气度值。

以疫情期间的一个月为例，在"干线物流景气度指数"中，高景气行业只有冷链，涉及核酸检测、注射疫苗等。从"城配物流景气度指标"来看，没有高景气行业，因为在城区不需要冷链运输，中景气行业有冷链、快递、快运。对于实时情况的掌握，比以前更准确、更及时且更有颗粒度。

（二）市场监管：精准掌握和处置各类违规违法行为

第一，智能互联物联设备实时精准掌握违规违法信息。餐厅卫生监管是一个难题，对后厨的监管要求是明厨亮灶，所有操作从外面能够看到，保证操作安全、卫生、合规。现在智能互联物联设备可以实时连接到监管端。如果操作人员没有佩戴口罩，不仅可以看得到，还可以给出警示。如此实时且细颗粒度的监管是以前做不到的。

第二，数据交叉复现揭示造假行为。大数据技术能够对数据进行整合，通过交叉复现展示事态真相。当一些高度关联的指标发生冲突时，就可以怀疑其中某些数据的真实性，克服了传统信息来源可信度偏低的问题，提高了市场监管的穿透力。比如在2010年之前，医保骗保是一个很大的问题，造假产业链非常完整，造出来的单据以假乱真，除非到医院进行核对才能辨别真伪，否则看不出来问题。大数据图谱推理可以识别医保风险，比如一个有既往病史的白内障患者，医生给她开了甲氧沙林溶液，但这种药是禁忌药，因此可以判断这个药应该不是开给她本人的，可能是开给她家人的。另一个患者是一个1岁的女孩，医生给她开了处方药扑尔敏，而这种药对新生儿是禁用的，因此可以判断是家长在用孩子的医保开药。

很多医保系统通过异构数据来匹配。这里讲一个案例，有个外地医保"患者"在北京做胸外科手术，之后拿着20多万元的单据回到医保所在地报销，单据没有问题，各方面都符合医院治疗的标准，但在核查其他数据的时候出现了问题。医院的手术室排期繁忙，不是所有科室每天都可以做手术。这个"患者"的手术日不是胸外科的档期，也不属于急诊。医院发现这些问题后，进一步核查又发现，"患者"有一辆自驾车从不外借，手术当天这辆车出现在其他城市，"患者"使用信用卡在北京一家高档商场刷卡购买了20多万元的奢侈品，这不应该是当日"患者"或其家属的正常行为。这些数据和医保报销单据无法匹配，该"患者"被高度怀疑单据造假。

第三，多元药品追溯体系将不良后果最小化。现在我们的药品，特别是处方药和疫苗等，有多套追溯体系，包括政府建的、生产企业建的和流通系统建的，多套体系是"多码并存，多系统并存"，"基于协同服务的分布式追溯系统"可以追溯药品的流动。如有问题，可以迅速锁定去向和使用情况，将不良后果降到最低。

第四，依据多元异构数据对企业进行分类管理。我们讲了多年，要对企业进行分类管理，以前操作有很大难度。数字时代，日常市场监管中获得的产品质量、消费投诉、货物价格、行政处罚等信息，与纳税、社保、医疗、信用卡记录、驾驶记录等异构信息进行比对，可以实时筛选高危监管对象，增加监管的针对性并降低监管成本。通过多元异构数据给每个企业"画像"，比如被划为A类的基本不打扰，划为B类和C类的定期检查，划为D类的随时上门抽查，实现优质企业无事不打扰、高危企业事事严监管。这样不但精准分类，而且发现问题可以多维核查，及时升级或降级，这个系统还是比较有效的。

（三）社会管理：及时应对各类问题并赋能各方共同治理

数字技术应用在应急管理方面已经不可或缺。2020年6月，数字技术助力北京新发地聚集性疫情防控，让这次紧急事件得到及时有效的处理。复杂场景成为感染源且具有较高的流动性，如果不是数字技术助力，要想达到这种管控效率完全不可能。

数字技术赋能社会各个方面，从以政府为主变为多元共治。环境问题是一个典型的外部性问题，博弈一直存在，传统的环境治理以政府监管为主，在数字时代，社会组织和公民都可以参与治理。例如，国内有一家环境保护公益组织，监督能力覆盖全国，它有一个App，如果有人发现某区域排放污水或者存在烟囱冒黑烟的情况，可以将图片上传到App，工作人员核实后，就会在App发布图片，并配文提示企业，大意是监控发现企业排放黑烟，请做出公开说明。这种信息发布非常有效，企业不敢无视，因为企业的公众形象太重要了。老话讲"人在做，天在看"，不在乎的人觉得是吓唬人。现在是"人在做，网在看，云在算"，激励向善、约束作恶。因此，政府与社会共同治理也需要技术支撑。例如，2018年4月南京市江宁区上线一款"江宁城市啄木鸟"微信小程序，发动本区居民参与日常的城市管理工作，形成共管、共治、共享的氛围，上线3年来，已经收集、处理大大小小的城市管理问题共计23万多件。

（四）公共服务：共享优质服务资源和满足个性化需求

第一，数字教育。我们的理想是让中国的每一个孩子，不论家庭贫富，不论生活在哪里，都能够接受优质而均等的教育，但现实中有相当大的难度。比如在义务教育阶段，寄宿制学校能够提供充足的学位和床位，儿童可以到寄宿学校读书。但是他们有各种各样的情况，并不是所有低年龄段的儿童都适合去寄宿学校。我们现在有6万所村小，村小的学生大多在几十人，有些只有几人、十几人，连配备基础课老师都普遍困难，更不用说配备音体美以及素质教育等课程的老师了。为了提高农村教育质量，我们有十几万个乡村教师岗位，鼓励高校毕业生下基层，但是仍然存在很多问题，还没有做到让所有儿童都能接受很好的教育。

现在国家智慧教育公共服务平台已上线，义务教育阶段的所有课程都由特级教师授课，并为边远农村学校配齐接收设备，就是希望让所有孩子都能接受最好的师资。另外，不同学校之间的师生可以互动，农村学校和城市学校的老师可以交流，两校教研组远程集体备课，对于共享优质教育资源发挥了很大作用。

第二，数字化医疗服务。为了让优质医疗资源能下到基层，国家想过很多办法，也有明显成效。但基层医疗水平的提升不是一个简单的事情，不是单靠培养全科医生、请专家下去传帮带或基层医生上去培训进修就能快速解决的。互联网远程手术出现之后，通过数字化医疗服务可以让全国病人共享优质资源。比如有些基层医院做不了脊柱损伤手术，病人又需要平躺，绝对不能移动，因此这些病人通常只有两个选择，要么从大医院请专家过去做手术，要么保守治疗。现在多了一种选项，那就是远程手术。积水潭医院已有成熟案例，提前把病人的各项信息输入系统，事先对手术各个环节做好规划。微创手术现场操作相对简单，不用担心麻醉、内科意外等，对基层医院的医疗水平并没有太高的要求，只需要一个有资质的外科医生在场就可以，操作主要通过数字化系统来完成。现在能做这类手术是因为手术器械和远程控制系统等条件极大提升，但最重要的还是网络条件改善，5G（第五代移动通信技术）网络的稳定性很好，特别是低延时保障了远程手术能够顺利进行。

第三，数字化艺术普及。文化对人的成长非常重要，特别是关于心智成长、树立自信心以及融入社会的能力等方面。文化平权是互联网的一个重要贡献。现在图书、音乐的数字化大为普及，以往需要到现场观看艺术表演，比如音乐会、话剧等，价格相对昂贵，只能供小众观赏。2022年北京人民艺术剧院建院70周年的时候，把最经典的几部话剧放在线上播放，根据几个平台的统计数据，国内有580万人完整看了《茶馆》，有数千万人看了演出片段。有人提出不同意见，"不夸张地说，不能在剧院演出的戏剧，其审美功效估计连1/10都发挥不出来"。这方面外行人不好评价，但有一条热评或许能说明一些问题，"在剧院演出的戏剧，观看者不及直播的万分之一"。更普及的是短视频、直播、网络小说等，其对消费者和创作者"文化水平""专业化"等方面的要求极大降低。普通百姓都能加入其中，表达心愿、爱好、情趣等，足不出户地欣赏全世界的文艺作品。

第四，政府在线政务服务发展迅速。全国一体化政务服务平台建设成就显著，建设形成以国家政务服务平台为总枢纽，联通31个省（区、市）及新疆生产建设兵团、46个国务院部门政务服务平台，覆盖全国的政务服务"一张网"，构建了国家、省、市、县多级覆盖的政务服务体系，推动90.5%的省级行政许可事项，实现网上受理或"最多跑一次"。如果不是在数字化时代，这样的服务是不能想象的。

现在很多地方都在推进智能推送服务。政府为了支持中小企业发展，从中央到地方出台了许多优惠政策，企业往往并不完全明白如何申请操作。即使申请，以前也要通过 App 在办事大厅申报、材料初审、资格复核、计算补贴额、公示、发放补贴等，现在政府有关部门智能化筛选符合标准的企业并主动推送信息，由企业确认申报后可以直接发放补贴，大大降低了企业享受优惠政策的成本。

三、数字时代政府公共治理面临的挑战

（一）数字技术与公共治理中的各方利益平衡问题

第一，公共服务的合理边界。数字时代公共服务可以做到个性化，群众对政府服务的回馈也可以个性化，比如"好差评回馈"。"有求必应"的服务理念到底有没有边界，这一点值得深思。举个例子，下大雨时，居民遭遇房屋漏雨的紧急情况，向社区请求帮助，社区积极解决并获得好评。雨停之后又提出家里困难，请社区帮助修缮房屋，社区不好回应这种非公共服务类诉求，结果就被打了差评。数字时代如何把握公共服务的合理边界，高效、合理地回应诉求，还需要不断探索。

第二，新旧规则转换期的空白与分歧。数字时代有全新治理对象，例如大平台、数据、人工智能大模型等，而且快速变化，这些对象因为"新""快""深"等，难以判断是有益于还是有损于公共利益，最终导致治理难题，旧规则不太适用且远远不够用，新规则

如何把握也缺乏共识。

（1）需要判别海量信息的合规性、合法性。以前报纸只有几十家，电视台频道也只有几十个，从各种多模态信息里判断是否存在不合法、不合规的内容，相对还是可控的。在互联网时代海量信息之下，审核合规性是非常难的。比如，2022年第四季度，B站的活跃UP主投稿量就达到1 760万件。

（2）创新多，因而挑战多。以数据要素市场建设为例，中国是首个将数据明确为生产要素的国家，由此带来的挑战颇多。数据作为生产要素有很多特征，比如可以多场景复用、减损贬值快等（见图9-1）。绝大部分数据的价值在于实时性，有专家提出一年期以上的数据贬值在98%以上。由此带来的问题是，有些数据要素在价值评估、数据资产化全流程走完后，其价值已经改变。此外，数字领域有很多创新，因而政府面临很多公共治理方面的挑战，如数字、数据、人工智能、大模型等，有时候还没把这个事搞清楚，事态就已经发生很大变化。

多主体生产	多场景复用	敏感信息多	减损贬值快	交易和交互
确权困难：数据的生成过程非常复杂，常常是多方主体相互协作的结果，包含了不同主体不同程度的投入和贡献	复用方便：数据可以被不同主体以不同方式同时利用，因此不具有排他性，不易主张权力，有一定的公共产品的性质	内容复杂：数据的内容非常复杂，往往承载了个人信息，或者会被挖掘出来许多敏感信息	快速贬值：绝大部分数据的价值在于实时性，一年期以上的数据贬值在98%以上	非交易型：数据在不同主体间非交易性流通或使用，支持业务拉通并获得相应利益

图9-1　数据要素的若干特征

（3）数字技术迭代迅速，企业速生速灭，就业稳定性差。单一发展技术与保持企业稳定，二者其实是矛盾的。从本质上讲，数字技术更擅长解构现有产业链和重组新的高效产业链，高频率、高强度的竞争不可避免，总会有相当比例的企业陷于困顿之中。现在的企业淘汰率很高，即使独角兽企业也不例外。2021年，全球独角兽企业500强中有152家企业被替换，更新率达到30.4%，86家企业被淘汰出局（同比上升274%）。网络数字智能产业、技术迭代产业重组迅速，竞争比以往任何时候都更加激烈。传统产业所讲的新创企业，十有八九不能存活下去，这个比例对数智产业来说还要更高。在这个过程中，较多岗位有可能被替代，新岗位会产生，但新老企业员工匹配度差，就业市场调整剧烈。

（4）多用途的技术治理谁说了算？先举几个案例。例如，2017年，加州大学伯克利分校的教授在联合国大会上展示了"AI杀人蜂"机器人，把无人机和人脸识别这两项高科技结合起来，通过人脸识别进行精准定位，无人机可以携带3克炸药，足以杀人于无形，许多人据此认为应该禁用面部识别技术。然而，面部识别技术对于找寻走失儿童和失智老人十分有用。比如一名儿童在10分钟之前走失，在10分钟车程内，去往各个方向的人的手机上都能收到警报，显示走失儿童的照片。据说有的城市已经由此找到近万名走失儿童和失智老人。同样一种技术有着多种用途，应该由谁说了算？这也是公共治理遇到的挑战。

（二）数字技术带来的更多挑战

第一，某些数字服务有可能出现形式主义。现在，政府网站多层级连通，一个城市、一个App可以为老百姓提供多种服务。一些基层政府的App用户数量较少，但是第三方评估时，月活人数是第一项指标。怎样才能让老百姓用这个App？如何获得更好的评估？各地做法五花八门，比如下载App送礼品、强制要求公务人员完成下载量任务或使用次数任务等。中央纪委国家监委曾经通报一个案例，某县政务服务管理局在推广应用"一部手机办事通"的过程中，下达不切实际的任务指标问题。该局为片面追求考核加分，按照本县户籍人口人均通过"一部手机办事通"小程序办理3件事的数量，确定了"138万件"的任务指标，之后印发文件并将指标分解到各乡镇、县直相关部门，要求全县干部职工年度人均办理150件，严重增加了基层干部负担。现在，"扰民""自扰""与市场争利益"等数字形式主义是一个突出问题。

第二，数字逻辑有可能干扰人类价值观和社会演进。不受人的主观影响的算法会更加公正吗？静态的话有可能会。各国都曾经推广智能辅助办案系统。以前让我们引以为豪的是，中国判决案例最多，因此智能辅助办案的系统很好用。举个例子，驾车未系安全带，可罚50元，也可罚200元，可扣分，也可不扣，每个违规者都有不同的情况，把不同的情况输入系统，就可以看到不同地区在类似场景下怎么判定，从而得到一个平均数，照此办理，双方争议最小。在诉讼案例中，用大数据计算得出的"平均数"也最能平息争议。人们普遍认为，在数字时代，算法处理问题的能力强大、速度快，而且客观可靠，不会受法官的主观影响，从而规避人性局限和排除人为因素的影响，努力做到标准一致、客观公正和"同案同判"。

但是，动态的话有问题。法国在2019年3月颁布了第2019-222号法律，第33条规定，不得基于法官和书记官的身份进行"评估、分析、比较或预测"。原因涉及多个方面，这里讲一点：客观上可能形成一种要求法官向历史平均判决结果靠拢的压力，抑制法律制度适应性和动态性所需的差异或异质性，从根本上限制司法场景中基于价值变化或理念调整而进行的"创造性演变"，最终导致整个司法实践固化。

这样说太抽象，我再举个例子说明。比如一种犯罪行为可以判3~7年，平均是5年，实际上每个法官的判决并不一样，如果借助智能辅助办案系统，最后将导致类似案件的判决趋向5年。法律的演进和其他社会演进一样，与公众价值取向和是非判断高度相关。如果对于同一类案件，随着时间的推移，大多数法官往轻判的方向移动，就说明公众认为这种犯罪行为的损害在减小。反之，如果法官都往重判的方向走，说明社会认为该行为的损害程度在提高。如果总是按过往的平均数判决，那么司法制度就会固化，与社会进步、社会价值观的演进无法匹配。从长期看，这将给社会共识、共情和社会行为等带来严重后果。

第三，数字逻辑有可能弱化人文关怀和公共立场。

（1）数字逻辑可能排斥人文关怀和向弱势倾斜的公共价值观。现在各类信用服务机构挖掘各种行为数据，为个人和市场主体赋信。从图9-2可以看出，个人赋信基础分值主要来自人力社保、公安、税务、发展改革委等方面的数据，企业赋信来自市场监督管理、税务、数据资源管理、海关等，还算合理可信。但现在许多地方搞加分项，对个人来说，加分项包括志愿服务、社区服务、见义勇为、环境卫生等；对企业来说，加分项包括参加扶贫项目、捐助公益项目、企业社会责任等。当加分项用于增加信用分、鼓励好人好事时，会对社会有积极作用，但如果政府据此分配社会资源，如"子女可以挑选好学校""增加医保就诊医院""企业获得优先或优惠贷款"等，将会带来负面问题。我们想想看，经营困难、生活困顿的主体无力去做好人好事，更容易被评出低分。但政府"公共立场"的一个重要方面就是扶助"弱者"、提供服务倾斜和更多关怀，他们应该是政府重点关心帮扶的人。在数字赋信体系中，"强者愈强、弱者愈弱"的问题要给予高度重视。数字时代可以改变很多事情，但政府的服务要多关注落伍者、掉队者，多为弱势群体提供帮助的基本职责不能改变。

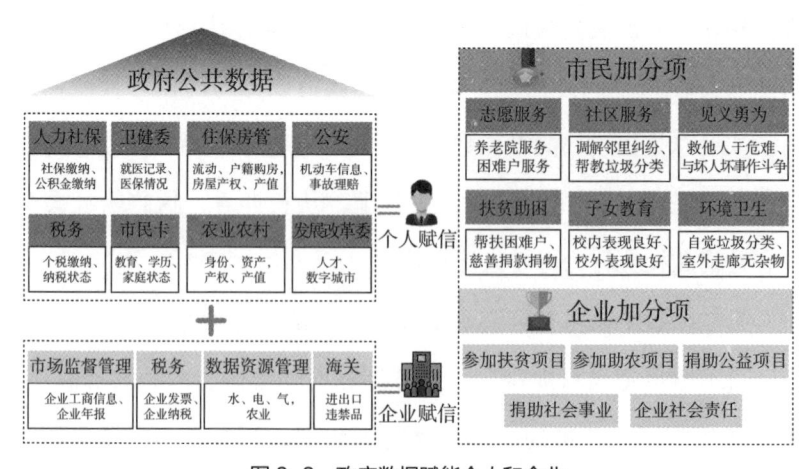

图 9-2 政府数据赋能个人和企业

（2）数字记忆将过失群体信息永久泛在留存是否合理。私人信息被数据化，进而转化为社会记忆后，其作用是正面还是负面未尝可知。人是一种会遗忘的生物，而数据如果不被删除或破坏，就会永远保存。"遗忘"是很多人正常生活的前提，否则他们的生活将会背负沉重的包袱。

生活在加拿大温哥华的60多岁的心理咨询师菲尔德玛，曾经上百次穿越美国与加拿大的边境。2006年当他再次这样做时，边境人员联网查询的结果显示，2001年菲尔德玛在给一本交叉学科杂志所写的文章中提到，他在20世纪60年代用过一种强效致幻剂，为此被扣留过4个小时。采完指纹之后，菲尔德玛签署一份声明，承认他在大约40年前用过致幻剂，以后将不再进入美国境内。

有些观点赞同数字技术的这种能力，即警示人们不要行为失范，否则后果严重。数字技术有利于警示人们遵纪守法。

在数字时代，信用修复是一种紧迫需求。2024年1月，国务院印发《关于进一步优化政务服务提升行政效能推动"高效办成一件事"的指导意见》，提出当前重点有7件事，其中包含企业"信用修复'一件事'"。如果企业信用不能修复的话，对于市场和经济发展会有很大影响。现在经济发展遇到困难，突出问题是信心不足、预期转弱，政府也把企业信用修复问题放在很重要的位置。

同时，个人信用的修复问题也应该引起高度重视。中国刑事犯罪结构已经发生明显变化，过去几年，判处有期徒刑3年以下的轻罪案件占到各类犯罪的85.5%，接近百万人。这些轻罪人员的档案多为纸质形式，查询和传播不便，大部分犯罪人员，特别是轻罪人员，不受犯罪记录的严重影响。然而在数字记忆时代，这些轻罪人员刑满释放以后却很难再融入社会。一查身份证，关于个人的很多信息都可以联网打通。数字记忆使个人信用的负面问题伴随事主，有可能对个人权益、社会稳定带来新的挑战。

四、数字时代公共治理的新要求：几个原则

我在前面讲了数字时代公共治理，后面还有几个比较新的理念或者原则应该体现。

第一，以人民为中心。数字技术为政府治理赋能，"有为政府"的能力有可能更强。在多种因素需要平衡考量时，便民、利民、不扰民是基础，公民和市场主体权益保障是首要。

第二，全纳服务。数字服务提供要平等公正，并向困难和弱势群体倾斜。数字边缘人员的在线服务以及必要的线下服务弥补措施，是数字普惠程度的重要指标。

第三，敏捷回应。在传统治理理念中，政策不能"朝令夕改"。数字时代事态快速变化，挑战实时更新，"敏捷应对"成为数字时代治理的重要理念和实践遵循。

第四，精准服务。数字化赋能个性化服务，边界合理的公共服务要努力做到精准高效、讲求实效。

第五，合作服务。公共服务受众广泛，自带流量的性质使其可以转化成为商业模式并由企业提供，政府可以将资源用于其他服务和治理项目。

第六，协同服务。加强顶层设计是数字政府建设的根本保障，要做到多服务汇集、全流程在线，还要线上线下互融互通，降低数

字政府建设成本，方便群众和市场主体获得便利服务。

　　第七，赋能服务。政府自身数据公开和推动大企业数据开放，是数字时代公共服务的重要内容，要为各类机构和公众赋能，让它们能够利用数据支撑自身发展，也能够以更多方式和在更多环节参与社会治理。

中国经济 50 人论坛丛书
Chinese Economists 50 Forum

第十章　创新发展之路：中国的实践与未来①

马名杰②

---

① 本文根据 2024 年 11 月 14 日长安讲坛第 420 期内容整理而成。
② 马名杰，中国经济 50 人论坛特邀专家、国务院发展研究中心创新发展研究部部长。

创新发展在我国国家发展战略和政策中占有相当重要的位置。二十届三中全会就科技创新、新质生产力和全面创新等做出了重要部署。今天我主要讲与创新发展密切相关的五个问题，也是需要在发展实践中不断深化认识的问题。发展条件和环境是动态变化的，在这个过程中新的现象会不断产生，体制机制和政策需要不断适应这种变化。当前阶段，我们要更好更快地实现高质量发展和创新驱动发展，就要立足国家发展全局和大国博弈背景，深刻理解科技创新规律，抓住新技术革命战略机遇，积极主动地应对挑战。

一、科技在经济发展中的作用

科学、技术和创新，严格来讲是三件事，背后有不同的规律。科学是认识自然规律的新知识、新发现。技术是用数学、物理、生物、化学等新知识改造世界的工具。创新主要是指产品和服务创新。从形态上看，科学、技术和创新分别对应基础研究、应用研究和开发。熊彼特被誉为"创新理论"的创建者，他认为创新是生产要素的新组合，包括新产品、新的生产方法、新的供应源、新市场、新的企业组织方式等。

创新有不同的类型。按照对象，可分为产品创新、工艺创新和组织创新。按照新颖度，可分为渐进性创新和突破性创新（颠覆性创新）。按照来源，可分为模仿创新和原始创新。另外还有开放创新、封闭创新、合作创新、自主创新等概念。进行区分的目的，不仅是简单地描述概念，更重要的是要看到背后不同主体发挥的作用不一样。

比如，科学和基础研究具有公共品属性和市场失灵的特征，对一个国家的技术进步和经济发展具有非常重要的基础性作用，但由于缺少市场激励，没有太多经济回报，因而市场供给严重不足。这个时候，政府就要发挥作用。很多国家设有科学基金，比如中国设有国家自然科学基金委员会（NSFC），美国设有美国国家科学基金会（NSF）。NSF是世界上第一个科学基金，是第二次世界大战以后美国政府采纳范内瓦·布什的理念建立的。

"创新"在技术领域也有区分，产业共性技术和重大关键技术属于竞争前领域，不能完全由市场推动，必须发挥政府的主导作用。创新不是政府的主要职责，而是市场上的企业家和企业要做的事。企业家和企业既是技术的开发者，也是技术的需求方，还是创新的主体。创新本质上是一种经济活动，是企业或者企业家对技术、人才、物料、资本等各种资源进行配置，创造新的产品和服务，从而获取利润。简单来说，就是把知识、技术变成财富。从严格意义上讲，高校和科研院所的本职工作不是创造财富，而是创造知识。这是两者根本的区别，其背后的指挥棒和考核机制完全不一样。

后发追赶国家与先发国家对创新的理解不尽相同。对于英国、美国、德国这些发达国家来说，创新意味着从0到1的原创，就是"人无我有"。受技术能力和资源水平的限制，发展中国家在发展的早中期很难做到这一点。怎么办？通过专利授权或合资等方式来引进、消化、吸收技术，先解决"有无"问题。

中国在一些关键核心技术上，比如制造圆珠笔笔尖使用的特种钢，要从技术领先的日本进口。中国企业进行技术攻关，达到"人有我有"。在另一些领域，我们要做到"人有我优"。下一步，一些领域进入"人无我有"的境界，开始涉足技术前沿，从0到1进行原始创新。一个发展中国家大体会经历这个过程。

新中国成立以来，特别是改革开放以来，我国先进技术主要从国外引进，现在开始向外源与内生并重转变。这是一个重要的变化，表明我国的技术和研发能力得到极大提高。无论是消化吸收和再创新还是国产替代，描述的都是技术追赶模式。对于任何在技术上处于劣势的后发国家和地区，以及发展中国家和地区而言，在发展早期一定是从国外获取技术，美国、欧洲国家以及"亚洲四小龙"当年就是如此。由于自身技术底子弱，用相对较低的成本从外部获得先进技术，可以避免前期技术研发中的很多弯路，例如前期技术研发的风险大、代价（金钱、时间）高。中国经济用几十年走完了别人上百年走过的道路，从技术角度来解释，就是走的弯路少、花的时间少。

我国先进技术来源的变化，有一部分是美国"卡脖子"导致的，更重要的是，中国国内企业自身技术能力提升以后，国外竞争者不愿再提供专利授权。对于商业领域竞争中的不授权、不合作和来自政治上的考虑要区分开来，不能混为一谈。还有一个因素就是，随着国内需求和产业结构升级，为了满足国内和国际市场的需要，我们有能力自主开发一些先进适用技术。

当前，支撑我国从追赶迈向创新前沿的科技基础更坚实。从整体来看，我们还在追赶进程当中，但已经处于追赶的后半程，部分领域已经接近甚至达到前沿水平。我国全社会研发投入占GDP的比重已经超过经合组织成员国平均水平，接近甚至超过一些发达国家。随着GDP增长，我国的研发投入规模将会不断扩张。

在讲述中国的发展成就时，有一点往往被忽视了，那就是中国科技创新的贡献。有人说，中国在20世纪八九十年代没有像美国那样的技术创新，只有引进和模仿，所以科技和创新没发挥什么作用。事实并非如此，以拉美现象为例，墨西哥、阿根廷等国家经历过高速增长，在20世纪六七十年代步入中等收入国家行列，但在此之后经济停滞甚至倒退，落入"中等收入陷阱"。墨西哥研发投入占GDP的比重在长达20年的时间里都保持在1%左右，其他几个拉美国家也存在这种现象。研发投入占GDP的比重较低，说明这个国家对于科学技术的积累少。研发投入会带来科技成果，但更重要的是对人的投资，因为人是知识的载体。如果在发展过程中没有培养出一批本土科学家、工程师和技术人员，当外资企业进入时，就会面临本土人力资源严重不足的局面。如果科技投入不足伴随着教育投入不足，劳动者技能固化就更严重。在面对新技术革命的机遇时，这些拉美国家的企业很难获得新知识和新技术从而产生新产品，因此在全球价值链中难以升级。如果不解决这个问题，就无法走上创新发展的道路，经济也难以持续增长。

反观中国，中国之所以能够较好实现引进消化吸收和再创新，就是因为比较重视早期研发投入。改革开放以后，总体来说，中国研发投入增速快于GDP增速，推动技术不断提升。主要投入哪里？答案是人力资本，很多科技人才为企业家所用。引进消化吸收不是一件简单的事情。就像我们学习理论一样，小学生看不懂，大学生才能看懂，有的内容甚至只有博士才能看懂。改革开放之后，国家更加重视科技进步，这也是中国取得巨大发展成就的因素之一。

国外对中国的科学技术水平评价很高，总体认为中国处于第一梯队或第二梯队的头部，对此我们要客观判断。这些年中国科学技术水平的进展非常迅速，相当一部分领域和产业中的技术已经在中等以上的水平，少数领域的技术位居世界前沿。有国外学者认为，中国锂电材料领域的技术在世界上是领先的，只低于美国、德国、日本，基本上处于第四名。同时，我们也认为自己工业"四基"（核心基础零部件和元器件、先进基础工艺、关键基础材料、产业技术基础）等基础性和关键核心技术与发达国家相比仍然差距不小。在基础研究方面，我们总体上还比较薄弱。

国家对于基础研究越来越重视，在整个研发投入中，拨给基础研究的资金越来越多。但是现在面临另外一个问题：怎么能够做到"真研究"？中国的学术生态存在浮躁的风气，有些人不研究真问题，只做容易出成果的研究。对于一个国家的科技进步来说，"真研究"和"研究真问题"是最大的两个问题。相对而言，"真研究"往往更具有基础性。为什么不"真研究"呢？其背后的"指挥棒"是一个问题。科技评价改革和科技体制改革就是要解决这个问题。

这些年我国科研机构的综合实力有了明显进步。"自然指数"（Nature Index）的全球排名数据显示，中国的科研机构在自然科学领域高质量科研产出方面高居全球第二位，仅次于美国，是前十名中涨幅最大的国家，目前已有7家中国机构位居全球10强。另外，研究型大学基础研究水平持续提升。从世界三大最具影响力的大学排名之一的"QS世界大学排名"来看，2012—2022年，我国进入前100位的高校从2所增至6所，头部高校的排名也大幅攀升。同时，中国（不含港澳台地区）有18所大学的研究影响力跻身世界前100名，仅次于美国（22所）。

过去几十年，中国与其他国家的科技合作越来越多，包括美国和欧洲国家。在国际科技合作中有很多中心节点，包括主要发表中心和主要合作中心，发达国家基本上兼具发表数量和合作地位的"双中心"地位，而我国在多个领域均未成为"全球合作中心"。我们要与更有能力和更前沿的科学家合作，创造出更有价值的知识成果。

先行国家都有强大的科学体系。英国爆发了第一次工业革命，但工业革命的出现得益于上百年的铺垫，中国、阿拉伯国家和欧洲国家都有贡献。但是工业革命最终在英国爆发，极大地促进了英国的发展。在此之后的欧洲发达国家和美国，其实都具有这样的特点，即基于科学技术的发展。基础研究很重要，但要注意的是，科学技术强不一定经济就强，制度因素对经济发展影响很大。创新是把科学变成财富的主要转换器，什么会促进创新呢？要有一套制度安排，包括基础性的制度安排和特殊的制度安排。

二、创新与发展的关系

根据熊彼特增长理论和其他一些理论，前沿国家靠创新驱动经济增长，就是不断创造新技术和应用新技术来实现增长，其增长趋势受到重大技术进步和创新周期的影响相对大。追赶国家靠引进学习国外先进技术实现增长，所以增长的成本和技术进步的成本相对较低，即所谓后发优势。追赶国家能够在多大程度上用好这种优势，就能以多快的速度实现追赶。

追赶国家实现增长有几个途径，能够以较低的成本获取先进技术，促进先进技术在生产部门的应用。另外，还有一个资源再配置的过程。要素配置效率影响整个经济增长，要素市场的扭曲程度和一个国家市场经济制度的完善性密切相关。只要不阻碍劳动、资本这些要素自由流动，从理论来说，配置效率就会比较高。但是对于发展中国家来说，由于市场不完善，劳动力、资本和其他要素的自由流动比较慢，低效率企业的市场出清也比较慢。日本也存在这个现象，这是导致日本30年发展停滞的一个重要因素。

现在关于日本的研究比较多，从创新角度来看，日本的创新步伐总体而言放缓了。这个问题不仅在日本存在，在欧洲国家也不同程度存在。我们研究发现，日本新企业的技术生成是缓慢的，老企业的退出也是缓慢的。日本研发投入占GDP的比重非常高，科学和技术都很强，但大中小企业的进入、退出和活力相对不足。这个问题在欧洲国家也不同程度存在。自身创新的步伐放缓，创造新产业、新就业、新发展空间的步伐放缓，是发达国家容易患上的"富裕病"，这背后有经济、社会、文化等多种因素。

经过多年的积累，中国的产业升级和竞争力有了更好的基础。与几十年前相比，我们的劳动者素质、科学技术基础、产业基础和消费能力都不可同日而语。应该说目前的条件是新中国成立以来最好的，对此我们要有信心。中国从追赶迈向前沿的后半程，技术来源和动力都发生了结构性变化。在生命科学、人工智能等领域，我们已经处于前沿。我们形成了一系列创新优势，比如持续扩大的研发规模优势，难以替代的低成本科研优势，科技基础设施优势，数字新基建优势，企业创新的快速学习能力和迭代优势，部分重点领域迈入全球第一梯队的技术和平台优势，科学研究和工业技术研发门类较齐全，制造业集群优势，超大规模市场优势，等等，由此引发了一些发达国家的担心和焦虑。

我们现在是两种增长动力并存，靠创新驱动的推进，前沿的增长变多了，靠引进国外先进技术实现追赶的增长仍发挥重要作用，从一条腿走路变成两条腿走路。两类创新现象并存。一是我们已经

第十章 创新发展之路：中国的实践与未来

且将会看到很多曾发生在发达国家而我们没有经历过的创新现象；二是还有一些发达国家由于去工业化而淡化了那些在我国可能成为优势的创新现象。

从产业发展看，未来对高端、基础和前沿技术的需求明显增长且将持续。像机器人、自动驾驶汽车和无人驾驶汽车、光刻机等，这些东西中国以前也不需要，一些成熟制程的设备和芯片对中国来说足够了。但是我们现在越来越需要一些先进制程的集成电路，一些面向国际市场的出口企业有能力加工和组装更先进的元器件和材料。需求的升级，必然带动企业对于先进技术需求的增长，但是从根本上说，科技离不开经济的发展。科技推动经济增长，但是经济也有和科学水平相适应的一面。企业只会做袜子的时候，不会对光刻机有需求，因为还没有到那个发展阶段。经济和科技两方面相互影响。

从横向创新来看，产业多样化是一个重要源泉，也是我国科技创新的重要优势。中国是世界上制造业门类最齐全的国家，"大而全"的制造业体系确实存在重复和低水平问题，但是也为发生技术创新的"化学反应"提供了更多可能。比亚迪在制造电动汽车过程中的滤清器生产技术，在需要的时候可以用于生产口罩，这就是所说的横向创新。很多知识原理是相通的，只不过没有进行研发投入，没有转化成另一种产品，但是一旦有机会，就会横向出现很多不可预知的新事物。

还有一个是纵向创新，即前序产业发展为后续创新提供了条件。这种基于制造能力拓展新赛道、新优势的可能性更大。举个例子，镓基是一种金属材料，最早应用于中国半导体照明产业。2000年，中国LED（发光二极管）产业开始起步，经过这些年的发展，中国半导体照明产业在世界上已经具有竞争力，相应的技术也发展起来了。后来发现，镓基芯片不仅可以用于半导体集成电路，在其他一些产品当中也能应用。在中国集成电路领域被"卡脖子"的困境中，镓基很可能成为中国获得的一个有特色优势的产品。中国如果前期不生产半导体照明产品，后面这条创新之路就出不来，其实就是指技术的积累性。为什么其他国家没有推动这样的技术进步呢？因为产业门类太少，这是一个很重要的因素。我们有一些产业确实存在劣势，但在某些特定领域具有优势，可以越做越专、越做越精。作为大国，我们具有这样的产业优势，可以容纳足够多的产业门类进行生产，孕育足够多创新的可能性，所以产业多样性是很重要的。

创新像生态系统一样具有自主性，很难对它进行设计，"种瓜得瓜、种豆得豆"的场景有，但经常是"无心插柳柳成荫"，从互联网到传感器、雷达，都是"无心插柳"的成果。在这个过程中，企业作为开拓前沿、提高生产率、创造财富的主体能力更强，成为科技创新主力军的同时更加分化。企业拥有的有效发明专利数量占全社会的比重为60%，企业研发经费支出占全社会研发经费的比重一直在76%以上，企业研发人员数量占全社会研发人员的比重近80%。从2016年至2021年，设立研发机构的企业数量从6.4万家增长到12万余家。

在任何一个国家，创新主体都呈金字塔分布，最具有创新力的少数企业位于塔尖，最多的还是位于底部的企业。调查显示，中国至少有40%的企业没有任何创新，只是停留在特别简单的模仿阶段。位于塔腰的是一些跟随性企业，有创新能力但不强。近些年中国企业到达塔尖的越来越多，竞争力越来越强，这是非常好的趋势。虽然与美国等发达国家相比还有差距，但是在新兴领域，比如数字经济、人工智能、装备制造等，中国企业都在迅速成长。中国的问题在于底座太大，所以我们希望能够促进更多中国企业变成创新型企业。

有一个现象也值得我们思考。2021年我国实现创新的规模以上大中小型企业数量合计近37万家，与美国（37.2万家）和欧盟（35.9万家）相近，高于日本（12.0万家）、德国（10.3万家）。我国创新企业是日本和德国的3~4倍，而创新能力没有超过它们，这说明水平不高。尽管创新企业的比例不够高、能力不够强，但这个规模的企业如果都走技术追赶道路，我们的创新后备军规模就很大。如果我们提升创新能力，让中国企业有更多动机通过创新来赚钱的话，那么这个群体就会扩大，中国的竞争力就会提升，中国经济就会更好地发展。

从国际竞争的角度来说，大家都在抢世界市场这块大蛋糕，如果只分蛋糕却不做大蛋糕，或者做大蛋糕的速度赶不上分蛋糕的速度，贸易保护主义就会抬头。因此，中国提高科技创新能力的意义，并不只是有利于自身发展，还在于为全球创造更多的机会和财富，开启更多的科技新赛道和产业新赛道。中国要作为全球推动人类科学技术进步的贡献者，这不是唱高调。合作共赢意味着中国必然要提高自己的科技能力、创新能力，为增加人类的知识和福祉做出更大贡献。

在这个过程中，中国创投市场的发展发挥了巨大作用。创新是把科技变成财富的转换器，而创业投资或者风险投资是创新活动的加速器，离开了它，一个国家的创新型创业难以发展。很多发达国家是市场经济制度，为什么创新绩效的差别那么大？一个重要的差别就在于资本市场，也就是创投，日本和德国都没有发达的创投行业和资本市场。创新融资市场是滋养小企业快速成长和快速生成的重要机制。我国创投资本以每年约占全社会融资总额3%的体量，投资了近17万家未上市中小企业，形成了超10万亿元的股权资本金。注册制改革以来，近九成的科创板企业和六成的创业板企业，在上市前获得了创投支持。中国的BAT等平台企业，在前期都得到了创投资金的支持。这就是创投的作用，它敢于冒险，能够发现好苗子并让它长起来，而银行系统的间接融资起不到这样的作用。我国是仅次于美国的全球第二大创业投资市场，位于第三的英国和第四的印度，都跟我们差距很大。创投代表了一个国家创业和创新的活力，高成长企业、独角兽都是创投市场培育的，所以创投市场至关重要。

创新是一种经济活动，为什么有人不愿意创新？因为创新是高风险活动，是为了获取垄断利润。做从0到1的创新，生产不一样的产品和服务，有自己的附加价值和消费人群，就会有高收益。单纯依靠低价竞争说明企业的创新力是不够的。所以，促进创新的基本原理很简单，就是让企业能够通过创新盈利，赚得越多，就越愿意创新。企业没有创新能力就会被淘汰，市场优胜劣汰的出清机制要发挥作用。熊彼特把创新称为"创造性破坏"，但"创造性破坏"也是"创造性创造"，根本上还是"创造性创造"促进了增长。"创造性破坏"促进了那些不愿创新的老企业和组织的退出，从而不断提高一个经济体运行的效果，即全要素生产率的提升。市场只有持续、大量涌现新生力量，才能捕捉新的技术发展机遇。对一个发展中国家来说，完善支持创新的制度需要不断推进。

三、教育和人才在创新发展中的作用

教育是育人，处于创新和科技的上游，具有基础性作用。创新和科技都要靠人去做，比如科学家、企业家、投资家。总体来说，我国人力资本质量明显提升。按照经合组织与欧盟统计局界定的"科技人力资源"标准，2018年中国的科技人力资源总量（约187万人）领先于美国（143万人）、日本（68万人）、德国（43万人）和印度（34万人）。我国理工专业的本科及以上毕业生规模约为美国的3倍、英国和德国的9倍、日本的12倍。从顶尖科技人才看，中国近年来的追赶迅速。2020年，在科睿唯安公司（Clarivate Analytics）公布的全球超6 000位高被引科学家中，我国占比居全球第二位。海外优秀人才加速回流。我国每年新增海归人数已由2012年的27万人增长到2020年的超过58万人，近三年增速均超过两位数。规模庞大且量和质稳步提高的科学家和工程师群体，为中国获得竞争新优势、实现产业升级和经济高质量发展提供了有力支撑。

重大科学突破往往由极少数顶尖科学家推动实现，目前仍是我国的短板。我国国际一流战略科学家、关键领域的领军人才和高水平科研团队严重短缺。在 Guide2Research 发布的 2020 年全球前 1 000 位计算机科学和电子领域顶级科学家排名中，美国多达 616 人，我国只有 22 人，且排名相对靠后。在瑞士洛桑国际管理发展学院（IMD）世界竞争力中心发布的 2023 年世界人才排名中，中国的得分为 56.28，世界排名为 41。在其发布的 2023 年世界数字竞争力排名中，人才被列为知识方面的子指标。依据"人才"指标，中国的世界排名为 14。创新型人才是稀缺资源，引领型、创新型科学家和企业家尤其稀缺。为科技创新和新质生产力提供基础和战略支撑，需要一体推进教育和人才发展体制机制改革。一是完善人才自主培养机制，加快建设国家高水平人才高地和吸引集聚人才平台。二是加强拔尖人才培养，完善学生实习、实践制度。三是加快建设高质量教育体系，改进办学模式，优化高等教育布局。四是完善符合创新规律的人才管理机制。

四、自主创新与开放创新

自主创新与开放创新并不矛盾。我们要树立一种意识，就是勇于创造性地发现问题和解决问题，并且形成一种习惯。技术追赶带来很多好处，但也会使一些人形成思想上的惰性，失去创新的勇气。自主创新是创造，首先要有创新的自信。

总的来看，我国科技创新正在从量的积累驶向质的转变。中国在全球创新指数（GII）的排名，从 2012 年的第 34 位上升至 2022 年的第 11 位，成为前 30 名中唯一的中等收入经济体。欧盟在 2020 年发布的《欧洲创新记分牌 2020》，首次将中国列入"创新强劲型国家"行列。中国创新正在累积性进步中发生结构性变革，创新驱动的增长源泉正在孕育之中。这一发展势头需要在更为复杂严峻的挑战下大力巩固。

五、科技创新中政府的作用

为什么要区分科学、技术、创新？因为技术成功不等于产品成功，不等于商业可行，不等于市场成功。对科学技术的支持并不一定产生有效率的创新成果。但从科技的溢出效应来说，也有积极意义。技术会随着人的转移而转移。政府在科学技术创新中到底应该发挥什么作用？这不是一成不变的。在更早时期，很多国家是支持产品技术研究开发的。在此之后，政府的作用越来越转向基础研究和关键共性技术研究。政府在促进公平竞争和创造公共品之间进行平衡。

新产业的形成，从技术萌芽到商业化，大多经历了数十年的孕育期。我国正处于形成更多先发优势的过程中，新技术成熟的时间可能比预期长得多，但取得商业突破的时间有可能比预料中快得多。先发试错往往与技术领先地位的建立联系在一起。其间，企业和产业往往几经失败，但在试错中掌握了核心技术和优势。这种先发试错往往发生在极少数国家，美国是主要发源地。中国在新能源半程介入，后发先至。面向前沿意味着不确定性和风险变大，所以我们要树立"鼓励试错""宽容失败"的前沿创新理念。

科技成果走向市场面临高度不确定性，技术成熟不等于市场成功，技术路线的成功是企业在竞争中选择出来的。科学、技术和创新，本质是在试错中发展，在优胜劣汰中发现什么是好的或者更好的。发挥市场决定性作用，意味着让企业在竞争中试错择优。科学重大发现和技术革命性突破大多难以准确预测，很难依靠事先规划确定。更好地发挥企业在未来产业发展中的重要作用，需要进一步完善激发创新动力和活力的体制机制，特别是在资本市场和市场准入方面。发挥市场在技术路线、企业进退、产业方向等方面的决定性作用，政府在完善有利于创新的制度和生态方面的作用更加重要。

制造业领域的创新是最丰富的，但是我们也看到，从互联网到人工智能，服务业领域的大量创新，对于解决就业、促进增长、提升效率和需求都有很重要的作用。从追赶迈向前沿，要更加注重培养多样化的创新生态。新产业的生成与传统产业的升级难以区分。技术创新、模式创新、业态创新、管理创新、组织创新都需要，总的来说，中国在这方面具有优势。

创新驱动不是孤立战略，而是与完善法治、深化改革、转变职能紧密联系的，是总体改革的一部分。要用好政府的有形之手，为各类市场主体松绑、减负、铺路，使创新者真正获益。总的来说，我们拥有更优的发展基础，是在新的、更高的起点上迎接新技术变革，有条件实现新的、更好的发展。在发展中遇到问题是正常的，要抱着开放心态，以改革来解决这些问题，培养有利于创新发展和高质量发展的制度环境。

中国经济 50 人论坛丛书
Chinese Economists 50 Forum

第十一章 进一步全面深化改革,推动经济质的有效提升和量的合理增长①

刘伟②

---

① 本文根据 2024 年 10 月 24 日长安讲坛第 418 期内容整理而成。
② 刘伟,中国经济 50 人论坛成员、中国人民大学原校长。

长安讲坛是中国经济50人论坛坚持了20多年的经济政策讲坛，有深厚的底蕴和丰富的积累，影响力很大。我曾经多次参加长安讲坛，能够再次受邀来到这里演讲，感到很荣幸，也很亲切。

中国经济在世界经济格局中的地位已经发生深刻变化，因此中国经济发展的各个方面成为全球普遍关注的问题。今天我所讲的主题是：进一步全面深化改革，推动经济质的有效提升和量的合理增长。围绕这个主题，我们探讨三个方面的问题。

一、立足新发展阶段，把握历史性的机遇和挑战

二十届三中全会通过《中共中央关于进一步全面深化改革 推进中国式现代化的决定》(以下简称《决定》)。《决定》特别指出，"当前和今后一个时期是以中国式现代化全面推进强国建设、民族

复兴伟业的关键时期"。所谓"关键时期",我理解是指我国发展,特别是经济发展,进入一个新的阶段。从大的历史进程来说,我们实现了第一个百年奋斗目标,在此基础上开始朝着第二个百年奋斗目标努力,我国正处于这样一个新的发展进程。

党的十八大之后,我国的发展进入新阶段。第一个百年奋斗目标是在建党一百年时全面建成小康社会。党的十八大主题是高举中国特色社会主义的伟大旗帜,为全面建成小康社会而奋斗。党的十九大报告提出"决胜全面建成小康社会"。2021 年 7 月 1 日,在庆祝中国共产党成立 100 周年大会上,习近平总书记庄严宣告:"经过全党全国各族人民持续奋斗,我们实现了第一个百年奋斗目标,在中华大地上全面建成了小康社会,历史性地解决了绝对贫困问题。"二十届三中全会以后,中国的现代化进程,或者说以中国式现代化全面推进中华民族伟大复兴进入一个新阶段,那就是努力实现第二个百年奋斗目标。

实现第二个百年奋斗目标分成两个阶段:第一个阶段,从 2020 年到 2035 年,在全面建成小康社会的基础上,再奋斗 15 年,基本实现社会主义现代化;第二个阶段,从 2035 年到本世纪中叶,在基本实现现代化的基础上,再奋斗 15 年,把我国建成富强民主文明和谐美丽的社会主义现代化强国。

由此开启了中国式现代化的新征程,我们进入一个新的发展阶段。我们一方面面临着新的历史机会,另一方面也面临着前所未有的挑战。从历史机遇来讲,概括成一句话,那就是近现代以来,距离现代化的目标从来没有像今天这样近,我们从来没有像今天这

| 第十一章　进一步全面深化改革，推动经济质的有效提升和量的合理增长 |

样，有能力、有信心实现中国式现代化目标，这是一个新的历史性机遇。2024年9月30日，习近平总书记在庆祝中华人民共和国成立75周年招待会上指出，"中华民族伟大复兴进入了不可逆转的历史进程"。为什么说进入不可逆转的进程？我认为主要有三个方面的理由。

第一个理由，经过长期发展，自改革开放以来，尤其是新时代以后，我国经济稳健持续增长，已经发生了深刻的格局性变化。以经济总量为例，改革开放初期，中国GDP占全球比重不足1.8%，2023年我国GDP超过126万亿元，按照汇率折算大体是18万亿美元，占全球比重的18%左右。从1.8%到18%，这不是简单的量变，而是一个深刻的结构性变化。还有很多数据，这里不一一列举。这些变化归纳到一起，可以说为以中国式现代化全面推进中华民族伟大复兴奠定了更为坚实的物质基础。

第二个理由，历经几十年的改革，我们不断探索中国特色社会主义制度，以及与之相适应的社会主义市场经济体制。党的十一届三中全会拨乱反正，开启了改革开放新时期；十二届三中全会通过《中共中央关于经济体制改革的决定》，邓小平盛赞其"写出了一个政治经济学的初稿"；十八届三中全会通过《中共中央关于全面深化改革若干重大问题的决定》，系统部署了进入新时代后全面深化改革的任务；二十届三中全会通过《中共中央关于进一步全面深化改革　推进中国式现代化的决定》，这一步步里程碑式的进程走下来，到现在已经形成更为成熟、更为定形的社会主义基本经济制度和根本制度，以及各方面的重要制度。这就为以中国式现代化全面推进中华民族伟大复兴提供了更为完备的制度保障。

第三个理由，把马克思主义基本原理与中国具体实际相结合，与中华优秀传统文化相结合，中国共产党人经过了上百年的探索。毛泽东思想是马克思主义中国化的第一次历史性飞跃，中国特色社会主义理论体系是又一次历史性飞跃，习近平新时代中国特色社会主义思想实现了马克思主义中国化时代化新的飞跃，在经济思想上开拓了马克思主义政治经济学的新境界。理论的探索和不断丰富发展，特别是"两个确立"，为以中国式现代化全面推进中华民族伟大复兴创造了更为主动的精神力量。

因此，进入新的发展阶段，在全面实现小康、摆脱绝对贫困的基础上，我们面临的一个最大的历史机遇，就是以中国式现代化全面推进中华民族伟大复兴进入一个新阶段。有机遇就有挑战，越是接近现代化目标，就越是形势复杂，也越是任务艰巨，这是我们目前面临的最大挑战。这个过程不像敲锣打鼓那样轻轻松松，而是充满惊涛骇浪和各种复杂的矛盾与斗争的过程。要实现这个历史进程，需要我们有斗争的精神，勇敢地面对各种困难和挑战。我们目前面临的挑战，从经济发展角度可以概括为三个方面。

第一个方面，目标函数的变化。

改革开放以后，20世纪末实现初步小康，21世纪在建党一百年时实现全面小康，实现初步小康和全面小康实际上是摆脱贫困。二战之后，很多发展中国家在政治上独立起来了，面临的任务就是发展经济和克服贫困，但是这个过程非常艰难。由于经济中存在恶性循环，发展中国家陷入贫困落后之中难以摆脱，发展经济学家把

第十一章　进一步全面深化改革，推动经济质的有效提升和量的合理增长

这种现象称作"贫困陷阱"，即"马尔萨斯陷阱"。

一个地方陷入贫困，是因贫困而贫困，或者说是贫困再造贫困，这是贫困的累积效应。从需求侧来看，如果一个地方贫困表现为人均收入水平低，那么购买力就低，市场需求就小，对投资者的吸引力就弱。没有投资，这个地方的经济发展缓慢，新增就业机会少，而人口在增长，所以人均收入水平进一步下降，导致更加贫困。同样的道理，从供给侧来看，由于贫困，进而人均收入水平低，储蓄能力弱，金融部门把储蓄转为投资的能力也弱，意味着这个地方的自我积累能力就差，经济增长速度慢。经济增长速度慢，就业机会少，而人口在增长，人均收入水平就会进一步下降。

"马尔萨斯陷阱"理论认为，假设经济增长速度是算术级，人口增长速度是几何级，那么就意味着人口增长速度始终快于经济增长速度，因此人均收入和人均财富越来越少。当经济和人口之间的不相称到达极限，就会引发战争、瘟疫或者饥荒，导致人口锐减，使人口和经济增长水平之间强制协调。

如何克服这个陷阱？这是二战之后，发展中国家普遍面临的一个难题。中国通过改革开放推动经济发展，成功跨越了"马尔萨斯陷阱"，实现全面小康，摆脱了困扰我们几千年的绝对贫困。从这个意义上讲，中国取得的发展成就举世瞩目。但是经济发展是一个无止境的过程，我们跨越了"贫困陷阱"，实现了全面小康，在此基础上还要继续向前走，开启现代化的新征程。新征程面临新的挑战，首先就是如何跨越中等收入陷阱。

当代发展中国家在跨越贫困、进入中等收入阶段之后，由于各

方面条件的变化,这些国家为了实现新的发展目标会遇到新的挑战。如果发展方式不改变的话,往往很难具有可持续发展能力。按照世界银行的划分,现阶段世界上有 80 多个国家和地区进入高收入阶段。高收入阶段是以 1987 年人均 GDP 达到 6 000 美元作为底线,无论哪一年,换算回去相当于 1987 年的 6 000 美元,就是高收入阶段。为防止全球经济波动带来的不稳定形成经济倒退,作为稳健跨越中等收入阶段的要求,现在这个标准又向上浮动 20%~30%,即 15 000 美元左右。

我们做过一个分析,这些高收入国家和地区从中等收入阶段进入高收入阶段,所用的时间平均为 12 年零 3 个月。在这 80 多个国家和地区当中,发展中国家只有 13 个,其他大部分发展中国家处于中等收入或者低收入阶段。另外,世界上的贫困国家还有 36 个左右。进入中等收入阶段之后,由于发展方式转变不过来,不能适应新阶段的变化,50% 以上的发展中国家历时 30 年之久无法跨越中等收入陷阱,70% 的发展中国家历时 25 年之久无法跨越中等收入陷阱。可见,跨越中等收入陷阱不是一件容易的事情。

2014 年 11 月 10 日,习近平主席出席亚太经合组织领导人同工商咨询理事会代表对话会时致辞:"对中国而言,'中等收入陷阱'过是肯定要过去的,关键是什么时候迈过去、迈过去以后如何更好向前发展。"时间拖得越长,各种社会矛盾越深,而解决矛盾需要的经济资源越来越匮乏,就可能导致现代化进程严重停滞甚至中断。稳健跨越中等收入陷阱之后,要实现 2035 年远景目标,即基本实现社会主义现代化。据相关测算,如果以人均 GDP 赶上中等发达国家水平为经济发展水平的重要指标，那么从2021年至2035年，我国年均GDP要增长4.8%。从目前的发展方式来看，其自然增长率达不到。因此，在新的阶段，目标函数发生变化，对发展也会提出新的要求。

第二个方面，约束函数的变化。

对于约束经济发展各个方面的条件，习近平总书记在十八大之后做过系统阐述，包括供给侧的变化和需求侧的变化。需求侧的变化与过去不同，过去是需求膨胀、经济短缺，现在是产能过剩、需求疲软。过去要解决的是"有没有"的问题，只要快速发展就有市场；现在要解决"好不好"的问题，所以必须要求高质量，这样才能在市场竞争中占有一席之地。现在和过去相比，最突出的变化是"羊群效应"没有了。

从供给侧来看，各种投入要素条件也发生了变化。过去我们的劳动力、自然环境、原材料、土地等资源都比较丰富而且便宜，所以有竞争力，而现在资源越来越稀缺，成本也越来越高。以往通过低要素成本进行竞争的模式很难继续，我们要重塑新优势。从过去主要依靠扩大要素投入量来带动经济增长，转变为主要依靠要素效率和全要素生产率的大幅提升来带动增长；从过去的规模迅速扩大来实现高速发展，转变为高质量发展。只有实现这种转变，才能适应现在一系列约束条件的变化，使经济发展真正具有可持续性。

第三个方面，国际环境的变化。

过去很长一个时期，全球化加速发展，在国际分工体系当中，中国的劳动密集型和资源密集型产品具有竞争力。我们有一个完整的工业体系，建立了以中国为枢纽、与世界相连的网络，形成像数字"8"一样的上下连接的双环流。向上是北部发达国家，我们向其出口具有竞争优势的劳动密集型消费品，进口技术和资本密集型产品，由此改造国民经济体系，这就形成了与发达国家的一个贸易环流。向下是南部世界和发展中国家，我们进口初级产品和原材料，利用完整的工业体系和庞大制造业的制造能力，进行加工和再加工，形成工业制成品，再出口工业制成品，由此与这些国家也形成一个贸易环流。中国恰恰是这个双环流的枢纽。在改革开放之后很长的一个过程中，经济循环有一个特点——"两头在外、大进大出"，指的就是市场和资源"两头在外"。2008年金融危机之后，全球经济衰退，贸易保护主义、单边主义甚至民粹主义迅速抬头。十九届五中全会闭幕以后，习近平总书记在《把握新发展阶段，贯彻新发展理念，构建新发展格局》一文中提出，要注意防范"固守'两头在外、大进大出'的旧思路"。这种"两头在外、大进大出"的循环模式走到了尽头，要有新的模式、锻造新的格局。

从上述三个方面来看，目标函数、约束函数和国际环境的变化对我国发展方式的转型提出了要求。如何应对这些挑战从而把握机遇，是现在要解决的一个关键性问题。

机遇与挑战虽然并存，但是它的内涵发生了深刻的变化。2020年10月29日，习近平总书记在十九届五中全会第二次全体会议上发表重要讲话《新发展阶段贯彻新发展理念必然要求构建新发展格局》。讲话指出，"机遇更具有战略性、可塑性"。所谓战略性，就是方向具有趋势性，但在战术上可能还有很多问题和困难；所谓可塑性，就是不确定性，机遇是有弹性的。以中国式现代化全面推进中华民族伟大复兴进入一个新阶段，这是历史性机遇，这种机遇是一种可能性。但有了这种可能性并不代表唾手可得，要应对各种困难和挑战从而把握机遇，才能把可能性转变为现实。

挑战发生了什么变化呢？习近平总书记说，"挑战更具有复杂性、全局性"。我们面临的挑战不是碎片式挑战，而是具有全局性的系统性挑战。机遇与挑战并存，挑战前所未有，如果应对得好，机遇也前所未有。在机遇和挑战的关系上，挑战更具有全局性，只有把应对挑战做好，才谈得上把握机遇。"当前和今后一个时期是以中国式现代化全面推进强国建设、民族复兴伟业的关键时期"，我们要处理好中国式现代化新征程中面临的机遇和挑战。

二、贯彻新发展理念，推动经济高质量发展

只有贯彻新发展理念，也就是从根本上转变发展方式，才能真正适应现在的一系列变化，推动经济高质量发展。党的十八届五中全会提出要树立新发展理念，即创新、协调、绿色、开放、共享这五大理念。理念具有战略性、纲领性和引领性，理念就是指导思想，如果指导思想不改变，行动就不可能改变。

新的发展理念是相对于过去旧的发展理念而言的。我认为，在改革开放以后的很长一段时间，我们的发展理念或者基本指导思想的集中体现实际上就是三句话。

第一句话，以经济建设为中心，以 GDP 的增长为核心指标。

第二句话，十年翻一番，以快速增长为基本方略。1979年，邓小平同志在会见日本首相大平正芳时第一次提出"小康"概念以及"三步走"战略。"三步走"战略即，第一步，到20世纪80年代解决温饱问题；第二步，到20世纪末实现小康；第三步，到21世纪中叶基本实现现代化。当时邓小平同志讲，"我们要实现的四个现代化，是中国式的四个现代化。我们的四个现代化的概念，……而是'小康之家'"。以经济建设为中心，具体就是以GDP为基本指标，然后以十年翻一番为基本方略，十年翻一番意味着每年平均增速要达到7.2%。改革开放之前中国年均增长率在世界上是比较高的，在6%左右，所以保持年均增长7.2%是一个非常大胆的设定，不仅中国没有过，在世界上也是处于高速增长的领先水平。而且当时提的是连续增长20年，实现翻两番。

第三句话，以迅速摆脱贫穷为根本目标。当时这种指导思想，无论是从马克思主义唯物历史观来看，还是从社会主义发展的内在生命力的要求来看，都是完全正确的，也符合中国实际，因为当时中国是一个贫穷的国家。从可能性来看，从改革开放到20世纪末的20余年里，GDP年均增长9%以上，翻两番目标提前实现。发展是历史的，而这种战略思想在当时是正确的，符合中国的客观要求，但是目标函数的变化、约束函数的变化和国际环境的变化，都使高速增长不具有可持续性。

党的十八大之后，顺应社会、历史、经济变化的要求提出新发展理念，努力通过新发展理念的引领，从过去靠要素投入量扩大为主带动经济高速发展的模式，转变为靠要素效率和全要素生产率大幅提升为主带动经济高质量发展的模式。提出新发展理念有其历史客观必然性，符合新阶段的要求，而过去的发展理念和发展方式符合当时的历史条件，不能把它们割裂开来，更不能把它们对立起来。我们提出新发展理念，不是要否定改革开放以来的发展，而是要适应新时代的新要求，使发展能够更高质量，更具有可持续性。

党的十九大报告提出，"建设现代化经济体系是跨越关口的迫切要求和我国发展的战略目标"。为什么提得这么高呢？因为现代化经济体系是新发展理念得以贯彻的机制、途径、桥梁，没有现代化经济体系，新发展理念就只能停留在理念上，传导不到实践中来，发展方式就不可能发生根本改变，也就实现不了从高速发展向高质量发展的转换。所以现代化经济体系的建设非常重要。

什么是现代化经济体系？它的内涵是什么？2018年1月30日，十九届中共中央政治局就建设现代化经济体系进行第三次集体学习。习近平总书记在主持学习时强调，对建设现代化经济体系进行深入探讨。我理解，现代化经济体系可以概括为七个方面。

第一是现代化的产业体系，这是基础；第二是现代化的市场体系，这是体制；第三是现代化的收入分配体系，这是动力；第四是现代化的城乡区域发展体系，即区域和空间协调；第五是现代化的绿色发展体系，就是协调经济发展和自然的关系；第六是现代化的全面开放体系，就是实现高水平的开放；第七是现代化的经济体制，主要指政府、企业、市场三者的关系，要建立微观主体有活力、市场机制有效、宏观调控有度的经济体制机制。这七个方面体现了新发展阶段改革、开放、发展三者之间的内在联系和要求，是一个有机整体，七个方面的建设要统一推进。这就提出了现代化经济体系这样一个历史性的任务。

通过构建现代化经济体系把新发展理念贯彻到实践中去，目的是通过新发展理念引领实现高质量发展。什么是高质量发展？党的二十大报告作了全面论述，我的体会主要有六个方面。

第一，从微观意义上，高质量发展是指要素效率和全要素生产率大幅提升带动经济发展。第二，从宏观意义上，高质量发展是指供给和需求在运动当中趋于均衡的发展，也就是需求牵引供给，供给创造需求，供求之间形成双向良性互动的一个动态发展。第三，从结构意义上，高质量发展是各方面的关系相互协调的发展。发展中国家的结构性失衡、二元性特征比较突出，所以实现高质量发展一定要体现结构协调，包括城乡结构、区域结构、产业结构等，是结构协调的发展。第四，高质量发展要体现绿色方式，在人和自然的关系上是一种和谐的发展，使自然资源能够得到更有效的使用，同时和经济社会发展更和谐。第五，高质量发展一定是高水平安全的发展。在发展的风险防控上，大国经济不能置于高风险当中，要有一个稳定的基础要求。第六，在国际竞争中一定是高水平、制度型开放的发展。

高质量发展在经济上的一个集中体现，就是实现经济发展中质的有效提升和量的合理增长。质的有效提升体现在新质生产力的培育和壮大方面。2023年9月，习近平总书记在四川、黑龙江等地考察调研期间发表重要讲话，首次提出"新质生产力"的概念。2024年1月31日，习近平总书记在二十届中共中央政治局第十一次集体学习时，系统阐述了新质生产力的理论内涵和主要特征，强调新质生产力以全要素生产率大幅提升为核心标志，以创新驱动为根本性特点，以产业变革升级为一个重要的载体。

生产力发展是一个历史的过程。生产力的劳动工具经历了从石器、铁器、机器到现在的人工智能的过程；生产力的动力经历了从自然力、热力、电力、网力到算力的提升过程；生产力发展的产业形态经历了从渔猎、游牧、农耕、工商到现在的信息、服务的结构升级。特别是工业革命以来，这个变化速度更快。从18世纪下半叶到19世纪上半叶是工业革命的第一个阶段，人类告别了农耕时代，形成了机械化生产。从19世纪下半叶到20世纪初期，第二次工业革命推动了时代的变化，电气化代替了机械化。从第二次世界大战之后到21世纪初，是科技革命和产业变革的第三个阶段，从经济发展角度看，人们实现了信息化对电气化的替代。现在进入新一轮产业革命，前景和目标还不十分确定，大趋势是由信息化进展到数字化。目前看到的三大技术领域——数字技术、低碳技术和生命科学技术，带来了经济发展方向性的变化，即数字经济、绿色经济和健康经济。这些方面的变化不仅显示出趋势性的变化，而且已经开始了一系列新的通用技术的变革。

新质生产力就是要把体现新时代科技革命和产业变革等历史进步的变化因素，注入生产函数当中去，从而使我们的生产方式具有新一轮科技革命和新时代的显著特征，形成产业革命在科技革命推动下结构的质变和升级。当代全球竞争的本质不是简单的量的问题，而是质的问题，是新一轮科技革命的产业渗透和结构变革。量的问题是一个竞争问题，但是相对于质的竞争和结构升级的竞争，它是次要的问题。

1840年，第一次鸦片战争是西方文明对中国的冲击，结果是我们被打败。19世纪上半期，按照现在的国民经济核算方法，在单一经济体中，中国GDP总量排在世界第一，超过英国、法国。作为当时的第一大经济体，中国为什么不堪打击呢？原因有很多，包括政治、文化、军事等。从经济上看，一个很重要的原因是，我们是传统的农耕经济，产出五谷杂粮、养殖牛马猪羊，由此形成世界上规模最大的经济体。而在第一次工业革命结束的时候，以英国为首带动西欧国家完成第一个工业化阶段，告别了农耕文明，进入现代工业社会。农耕文明对工业文明，肯定打不过。还有一个微观的例子，当时中国造船厂制造的船坞，比英国工业革命时期的造船中心利物浦制造的船坞还要长、还要大，但我们造的是木船，动力靠风帆；英国造的是钢铁结构的船，动力是蒸汽机。无论是速度，还是抗击打能力，二者都不是一个等级的，这是质的差距。

前些年大家在讨论一个问题：中国GDP总量什么时候能赶上美国？当时的结论非常乐观。改革开放初期，按照汇率折算，中国GDP相当于美国GDP的6.3%；党的十八大以前，我们相当于美国GDP的54%；党的十九大前夕，我们相当于它的62%；党的二十大前夕，我们相当于它的77%。我们是大踏步赶上来的。按照这个趋势，人们做了一个分析，假设未来一段时期，中国经济年均增速在5%左右，美国达到前20年的平均速度2.5%左右，大概在2033年前后，中国GDP总量将赶上美国。这是一件令人振奋的事情，我们从 GDP 世界排名第一掉落下来，在经历了上百年的时间后，不久的将来，我们将重回 GDP 世界第一的位置。

近年来有一些新的变化，2023 年，美国经济的反弹程度比较大，2024 年上半年尽管有波动，但势头仍然很强劲。2023 年底，我国 GDP 相当于美国的 60%，较之前有所下降；2024 年上半年，下降到相当于美国的 58%。2033 年前后，中国 GDP 总量能不能赶上美国，似乎又成为一个问题。其实更重要的是质，在结构上要缩小差距。

美国曾经有一段时期持续加息，从基准利率为 0 一路升到 5.5，大量企业无法承受而进入破产程序，资产负债表要进行调整。人们估计美国经济可能会出现衰退，虽然通货膨胀率下降，但经济活跃程度也降下来，失业率可能会提高。但 2023 年下半年，美国经济强势反弹，从宏观指标来看，并没有像预料中那样出现严重逆转，反而有所改善。经济增长速度是 2.9%，接近充分就业，通胀率在 4% 左右，距离 2% 的理想区间很近。怎么解释这种现象？可能的一个原因是，自 2008 年金融危机以来，美国经过一系列调整，一批新的产业和企业发展起来了，这些产业和企业的竞争效率和盈利能力远远覆盖了高利率的成本。这就说明中美作为第二大经济体和第一大经济体，二者之间的竞争焦点不是 GDP 数量，而是质的问题，也就是结构的问题。美国真正拉开的是结构上的差距，是质的差距，这是我们要高度关注的问题。美国并不限制中国量的增长，包括低技术含量、劳动密集、能源消耗密集的出口扩大，美国打压的是中国在质的方面的改变，包括高科技产业的产业链关键环节等。

在第一次和第二次工业革命中，我们还处于落后时期，没有条件参与；第三次工业革命，我们开始改革开放，赶上了一个尾巴，就是学习、模仿、跟跑；到了第四次产业革命，我们不仅参与了，而且在一些方面具有竞争力，甚至是并跑、领跑。在新一轮产业革命推动国际分工和产业链布局的过程中，我们不能像以往那样，被定义在产业链和价值链末端这样一种从属地位。我们要进入世界产业链的顶端，这是真正竞争的白热化阶段。要培育新质生产力，形成科技革命带动下的产业变革、产业升级，这是实现生产力发展的根本路径。高质量发展最终一定要体现在生产力的解放和发展上，体现在新质生产力的发展上。这是根本出路，也是真正竞争的矛盾焦点。

在质的有效提升的同时，高质量发展还需要量的合理增长，就是宏观经济的均衡。2035年基本实现社会主义现代化是定性分析，从量的逻辑看，是人均国民收入水平达到中等发达国家水平。2020年中等发达国家的人均国民收入平均是25 000美元，我们是10 500美元。实现这个目标要考虑人口等各方面的条件，要求我国GDP总量在15年的时间里增长一倍，人均增长水平翻一番，因为人口会减少。2022年，人口负增长85万人，2035年比2022年继续减少，所以GDP总量按照不变价格翻一番，人均水平也会翻一番多，接近或达到25 000美元。这里主要讲的是定性分析，但是背后有量的增长逻辑。

其中，GDP总量在未来15年翻一番这个指标很好计算，72%

除以15，就是年均增长4.8%。能不能实现这个增长目标？按照目前的发展方式顺其自然往下走，就是所谓"自然增长率"，我们做了很多测算，测算结果是未来15年平均增长4%左右，悲观一点是3.8%，乐观一点不超过4.3%，达不到4.8%的水平。所以一定要高质量发展，一定要发展新质生产力，结构要升级，只有质的有效提升，才能带动量的合理增长，如果质的有效提升没有进步，量的合理增长这个目标就很难达成。

三、构建新发展格局，加快形成现代化经济体系

现代化经济体系包含七个方面的内容，我们要采取一系列战略举措来建设现代化经济体系。党的二十大报告明确了时间表，二十届三中全会《决定》再次强调了这个时间表。2035年要形成新发展格局，建成现代化经济体系。如果没有新发展格局的形成，没有一系列有效的战略举措的实施，现代化经济体系就建不成；如果现代化经济体系建不成，新发展格局就落实不下去；新发展格局落实不下去，高质量发展就实现不了，现代化目标就难以达成。所以2035年要想基本实现社会主义现代化，前提是要形成新发展格局，建成现代化经济体系。

2020年两会期间，习近平总书记在看望参加全国政协十三届三次会议的经济界委员并参加联组会时强调，"逐步形成以国内大循环为主体、国内国际双循环相互促进的新发展格局"。之所以提出构建新发展格局，目的就是要形成现代化经济体系。构建新发展

格局包含一系列战略举措，我认为比较重要的是四个方面。

第一，以立足扩大内需作为战略基点。大国经济大多是基本内向型的，基本内向型并不是封闭，而是国民经济循环的投入和产出大部分通过本国市场实现。从量化标准看，有人提出达到甚至超过80%的投入和产出，通过国内市场实现循环就是基本内向型。这是大国经济的一个突出特点，因为大国的经济体量大，如果更多依赖国际市场实现循环，就不稳定且风险大。以扩大内需为战略基点，是新发展格局一个重要的战略原则和战略举措。

从投资来看，2023年我国固定资产投资需求增长3%，总规模是50.3万亿元。2024年1—9月，固定资产投资需求增长3.4%，总规模在38万亿元左右。按照单一国家来计算，如果换算成美元的话，我国在世界上名列前茅。一方面，作为发展中国家，我们在很多方面都需要投资。另一方面，在经济低迷的时候，政府的逆向调节能力比较强，这是一个超大规模的投资。

从消费来看，2023年，社会消费品零售总额增长7.2%，总规模超过41.2万亿元，如果换算成美元，同样名列前茅。2024年1—9月，我国的社会消费品零售总额增速是3.3%，总规模超过35万亿元。同期按照单一国家来计算，我国的规模确实名列前茅，这为中国经济增长基本面提供了支撑。

2023年，中国经济增长5.2%，消费贡献大概4个百分点，投资贡献2个百分点（净出口的贡献为负）；2024年前三个季度经济增长4.8%，消费贡献大体上是3个百分点，投资需求拉动了超过1个百分点，净出口增长由负转正，贡献了大约0.7个百分点。

第十一章 进一步全面深化改革，推动经济质的有效提升和量的合理增长

当前中国宏观经济有一个特点，即总体平稳、稳中有进。我们的韧性和抗击打能力比较强，超大规模经济体的特点这一基本面没有变。无论是投资还是消费，以扩大内需为战略基点具备客观条件。

第二，以深化供给侧结构性改革作为战略方向或者战略主线，这是党的十八大以后提出来的。宏观调控可以从需求侧入手，也可以从供给侧入手，不同国家和不同时期，根据宏观经济失衡矛盾的不同情况可以有不同选择。

党的十八大以后，我们分析认为，中国最突出的问题还是供给侧结构性矛盾。我们的规模大，但竞争力不足，技术水平、产业素质和企业竞争力较弱，属于"大而不强"，因此党中央后来提出供给侧结构性改革。不久后开始提"三去一降一补"，后来提的是"巩固、增强、提升、畅通"八字方针，即巩固"三去一降一补"成果，增强微观主体活力，提升产业链水平，畅通经济循环。

需求侧的政策和改革，影响的是消费者行为；供给侧的政策和改革，影响的是生产者行为，这是二者最大的不同。要解决深层次的长期性问题，关键在生产侧，要以供给侧结构性改革作为战略主线。

第三，以创新驱动作为战略支撑。党的二十大报告提出，"教育、科技、人才是全面建设社会主义现代化国家的基础性、战略性支撑"。

第四，以高水平开放作为战略前提。开放是中国式现代化的必由之路，中国式现代化不可能是封闭条件下的现代化，一定是融入

263

全球化的现代化。历史上发达国家通过殖民融入全球化，而我们走的是和平发展道路，倡导构建人类命运共同体。中国式现代化一定是以高水平开放融入全球化的，现代化不是简单和自己过去比较有没有进步，而是看我们在全世界范围是不是领先，这是现代化的进步意义所在。

以立足扩大内需作为战略基点，以深化供给侧结构性改革作为战略方向，以创新驱动作为战略支撑，以高水平开放作为战略前提，这是构建新发展格局的四个重要的战略原则。

2023年1月31日下午，中共中央政治局就加快构建新发展格局进行第二次集体学习，习近平总书记在主持学习时发表了重要讲话。他指出，近年来，构建新发展格局扎实推进，取得了一些成效，思想共识不断凝聚、工作基础不断夯实、政策制度不断完善，但全面建成新发展格局还任重道远。要坚持问题导向和系统观念，着力破除制约加快构建新发展格局的主要矛盾和问题，全面深化改革，推进实践创新、制度创新，不断扬优势、补短板、强弱项。

我理解，构建新发展格局重点要抓住以下五方面的问题。

第一，要统筹扩大内需和深化供给侧结构性改革。这两大战略性举措不能割裂，一定要联系起来。如果供给侧改革脱离了需求的牵引，实际上就脱离了市场，脱离市场的供给侧结构性改革一定是行政性改革，最后一定没有效率，会导致产能过剩。从需求侧来看，内需不足有很多原因，其中非常重要的是供给侧的问题。如果供给水平低，结构不好，价高质次，人们有钱也不愿意消费，所以提高供给水平是刺激高质量需求的基础。供给创造需求，需求牵引

| 第十一章　进一步全面深化改革，推动经济质的有效提升和量的合理增长 |

供给，要形成这两方面的良性互动。

第二，要解决好发展壮大现代化产业体系和构建现代化经济体系的关系。现代化经济体系有七个方面，其中包含一定的逻辑关系。最基础的首先是现代化的产业体系，要加快推进新型工业化，做强做优做大实体经济。新型工业化就是工业化、数字化、信息化和绿色化的深度融合，要用现代科技革命的技术去改造、推动、牵引工业化，传统工业化的高消耗、高污染道路不可持续。近年来出现"脱实向虚"的现象，这个问题怎么解决？这些都是实践当中存在的一些矛盾。

第三，要加快科技自立自强步伐，解决国际社会特别是美西方"卡脖子"的问题。一方面，我们要自立自强；另一方面，要想尽办法扩大开放，突破美西方对我们的围堵。举个例子，乒乓球是中国的"国球"，20世纪60年代，中国的乒乓球水平在世界上是最高的，打败日本、横扫欧洲。从1966年开始，我们缺席三届世乒赛，等后来重新组队去欧洲交流时，连十六七岁的选手都打不过。这说明哪怕原来居于先进水平，只要封闭就会落后。

现代文明进步的趋势一定是开放。所谓高水平开放，不是简单跟自己过去相比较，而是在世界范围内比别人更先进。什么是"更先进"？就是市场更有效率，环境更公平，竞争更充分，人才、资本、技术更愿意到市场上来。

第四，要统筹新型城镇化和乡村全面振兴。解决了"绝对贫困"，下一个紧接着的是"乡村振兴"。发展中国家在现代化转型过程中有两条路径：一个是城市化，特别是大城市和中心城市，把边缘农业落后地区的人口吸引到城市里；另一个是改造农村，使其现代化，从而带动整个社会现代化。与这两条路径相对应的是发展经济学中的两个模型：一个是刘易斯模型，另一个是托达罗模型。如何处理乡村振兴和新型城镇化两方面的关系，对于我们这样一个发展中大国来说是一个难题。

农村的公共服务落后，基础设施建设需要加强，但更重要的是农村人口流失。曾经留守的老人和儿童，现在也都进城了，乡村很多地方是空的。我有一个学生来自山区农村，我去他的家乡做客，他的母亲和兄弟姐妹都来了，还来了很多邻居，大家坐在一起吃饭，很热闹。吃完饭之后我们准备返回城里，结果他的家人和老乡也要回县城，我很奇怪地问他们。他们说，有客人来了他们才回到农村，客人走了他们也回城里。我听完很有感触，如果人都留不住了，那么乡村怎么振兴呢？随着城镇化的发展，那些有能力的人都被吸引到城市去了。

第五，国内国际双循环相互促进。在经济、政治、军事、文化等因素的影响下，国际关系错综复杂。如何适应国际形势的变化，推动国内国际双循环相互促进，也是需要解决的问题。

党的二十大报告提出实现高质量发展，二十届三中全会进一步提出经济高质量发展。从二十届三中全会可以看出，进一步全面深化改革，推进中国式现代化，就是要为实现高质量发展，特别是经济高质量发展，提供体制机制的保障，为培育发展新质生产力提供体制机制和制度创新方面的条件。

中国经济50人论坛丛书
Chinese Economists 50 Forum

第十二章　中国经济：挑战与出路[①]

余斌[②]

[①] 本文根据2024年11月21日长安讲坛第421期内容整理而成。
[②] 余斌，中国经济50人论坛成员、国务院发展研究中心原副主任。

当前我国经济发展面临诸多困难和挑战，很多热点问题引起社会的广泛关注和讨论。我国经济运行面临外部压力加大、内部困难增多的复杂严峻形势，要全面客观冷静看待当前经济形势，正视困难、坚定信心。今天，我和大家围绕中国经济的挑战与出路谈几点看法。

一、经济发展面临的主要挑战

党的二十大报告提出："到二〇三五年，我国发展的总体目标是：经济实力、科技实力、综合国力大幅跃升，人均国内生产总值迈上新的大台阶，达到中等发达国家水平。"按照现行汇率和价格水平测算，我国GDP年均增速达到4.53%，到2035年，人均GDP才能超过2万美元的发达国家门槛值。要想达到中等发达国家水平，年均经济增速则需要保持在5%以上，且不断提高我国经济的国际竞争能力，从而保持人民币兑美元汇率的持续升值。在经过新冠疫情的反复冲击、房地产市场陷入深度调整、地方政府债务风险集中暴露和外部环境深刻变化之后，实现这一目标面临多重挑战。

从国际比较看，2021年我国经济总量相当于美国的77.2%，2022年下降到70.6%，2023年进一步下降到65.4%。我国经济总量相当于美国的份额连续两年下降，这是改革开放40多年没有遇到过的情况。原因主要有两个方面：一是我国面临一定的通缩压力，而美国面临通胀压力，导致中美两国GDP名义增速出现了明显的差异；二是美联储为遏制通胀持续大幅度加息，导致美元不断走强，包括人民币在内的其他货币兑美元出现贬值。从总体上看，我国作为一个快速崛起的新兴大国，中美两国经济总量差距持续缩小的中长期趋势并没有改变，但个别年份出现反复在所难免。

2023年底，美国《外交事务》杂志就"中国能否在经济总量上超过美国"，对全球35位专家进行了问卷调查。其中，15位（约占43%）的受访者持肯定态度，13位（约占37%）的受访者持否定态度，7位（占20%）的受访者持中立态度。同时，分析美国企业研究所、美国国家经济研究局等10家智库近一年来发布的相关研究报告可知，对这一问题持肯定态度和持否定态度的各占一半。不仅如此，"中国见顶论""中国衰落威胁论"广为流传。这些观点认为中国国力已经达到顶峰并开始下降，不仅难以超越美国，而且将带来严峻的挑战和威胁；当前中国经济发展面临自身难以克服的困难和挑战，如债务困境、国企效率低下、民企融资难、资源耗尽、粮食安全压力加大、人口红利消失、创新动力不足、外部环境恶化等。

此外，美国方面极力渲染"中国产能过剩论"。它认为中国政府倾向于刺激生产而非消费，导致内需疲软和产能过剩；为扭转经济困境，将国内廉价商品销往全球，且背后有廉价贷款等支持；产能过剩不仅存在于清洁技术等新兴行业，甚至遍及整个工业部门，威胁美西方和新兴经济体，对各国企业、就业乃至市场经济构成生存威胁；这是继20多年前冲击全球制造业后的"中国冲击2.0"。

我国经济运行究竟面临哪些困难？2023年底召开的中央经济工作会议指出，进一步推动经济回升向好，需要克服以下六个方面的困难和挑战。

一是有效需求不足。主要表现为有收入作为支撑的消费需求不足，有合理回报的投资需求不足，有本金和债务约束的金融需求不足。

二是部分行业产能过剩。在实地调研中两方面情况比较突出：一方面，在新能源汽车、锂电池、太阳能光伏等新兴产业领域，在地方政府"内卷式"招商引资的推动下，生产能力快速扩张，明显超过现有需求水平；另一方面，在房地产行业深度调整过程中，与之直接或间接相关的钢铁、水泥、建材、家具、家电等行业需求明显收缩，而产能调整相对缓慢。

三是社会预期偏弱。部分民营企业家预期不稳、信心不足，不想投、不敢投、不愿投，"躺平"甚至外逃。一些百姓对未来收入前景持有过度悲观的预期，从而减少消费、增加储蓄、提前还贷等。

四是风险隐患仍然较多。在化解房地产泡沫、地方政府债务风险和中小银行风险的过程中,近年取得了一些积极进展,但各地区进展、成效存在差异,部分地区问题仍然比较突出。

五是国内大循环存在堵点。构建全国统一大市场是实现资源配置效率最优化和效益最大化的前提,但地区封锁、行业分割、行政垄断等问题时有发生。同时,美国对我国"脱钩断链""小院高墙""大院铁幕"等行为,导致一些行业面临"卡脖子"风险。

六是外部环境的复杂性、严峻性、不确定性上升,主要表现为全球经济增长相对低迷和单边主义、保护主义、逆全球化思潮蔓延等。

二、全面客观冷静地看待当前经济形势

2024年9月26日召开的中共中央政治局会议指出,"要全面客观冷静看待当前经济形势,正视困难、坚定信心"。如何正确看待当前经济形势?我认为可以从以下四个维度综合考量。

第一,疫情对市场主体资产负债表和收入预期的冲击需要逐步调整和修复。新冠疫情期间,相关检测和防控措施等对控制疫情扩散、蔓延是十分必要的,但也导致地方政府抗疫相关支出大幅度增加;由于经济活动时常中断,财政收入尤其是税收增长明显下降,叠加近年来房地产市场深度调整,当前地方政府债务压力凸显。疫情改变了企业的经营方式和员工的就业模式,也改变了全球产业链

供应链格局。由于我国制造业成本低、效率高，自2012年以来保持了全球第一制造业大国地位，制造业增加值占全球的30%左右。疫情期间，跨国公司在华战略从"在中国为世界"逐步调整为"在中国为中国"，采取"中国+1"、"中国+N"、近岸外包、友岸外包等方式，逐步摆脱对我国制造业的过度依赖。2023年是疫情防控平稳转段之后经济恢复发展的重要一年。显然，调整和修复疫情的"疤痕效应"，可能还需要一段时间。也就是说，当前我国经济运行正处在遭遇疫情反复冲击之后的调整和修复阶段，存在一些困难和挑战在所难免。

第二，百年变局加速演进，美国将未来10年作为遏制中国崛起的战略窗口。近年来，美国对我国实施西化、分化、弱化战略，目的就是在美国衰而未落、中国将强未强的阶段，取得与中国战略竞争的胜利。美国在《国家安全战略》中将中国描述成唯一既有重塑国际秩序的意图，也有越来越多经济、外交、军事和技术力量来推进这一目标的竞争对手。美国以维护现有国际秩序为幌子，拉拢越来越多的盟友共同围堵遏制我国，导致我国发展外部环境的深刻变化。百年变局加速演进，对我国外贸出口、利用外资、科技进步、产业升级等构成了重大冲击，这是当前经济发展面临诸多困难的主导性因素。

第三，坚决纠正影响长期发展的重大隐患，短期内必然产生收缩效应。近年来，党中央坚决触碰并纠正一系列可能影响经济长期稳定发展的重大隐患，如抑制房地产领域快速膨胀和房价攀升的风险，处置地方政府债务快速扩张和无力偿还的风险，持续推进生态环境保护和治理，等等。显然这些问题都是过去多年积累形成的。如果放任这些矛盾、风险进一步累积，将来处置难度会更大，付出的代价会更高。纠正这一系列可能影响经济长期稳定发展的重大隐患，短期内必然产生一定的收缩效应。就房地产市场调整而言，2003—2020年房地产开发投资年平均增长19.9%，2022年和2023年分别下降10%和9.6%，2024年1—11月的降幅达到10.4%。房地产对经济增长、就业、财政税收、居民财富、金融稳定都具有系统性影响，且与地方政府债务风险、中小银行风险相互交织，在加大经济下行压力的同时，容易引发区域性风险。但是，这些矛盾风险的逐步处置和化解，将有利于中长期经济稳定健康发展。

第四，从国际比较和发展阶段来看，尽管近年来我国经济发展面临诸多困难和挑战，经济增长持续承压，但经济增速仍然显著高于全球平均增速，也高于其他国家在相同发展阶段的平均增速。据国际货币基金组织测算，过去4年全球经济年均增长2.4%。2020—2023年我国经济年均增速达到4.7%，比同期全球经济年均增速高2.3个百分点。按现价美元计算，全球78个经济体人均GDP跨越1万美元后10年，GDP年均增速为3.7%。2020年我国人均GDP跨越1万美元后，年均增速仍为5%左右的水平。

综合以上四个维度的分析，对于当前经济运行状况，要正视困难，也要坚定信心，既不能盲目乐观，也不能妄自菲薄。针对经济运行中存在的问题，一方面需要积极推动党中央已经确定的一揽子增量政策的贯彻落实，即加强宏观经济政策逆周期调节，着力扩大国内有效需求，加大助企帮扶力度，促进房地产市场止跌回稳，大力提振资本市场等；另一方面，需要深入学习贯彻落实党的二十届三中全会的精神，推动重点领域和关键环节体制机制改革，加快标志性改革举措的落地见效，释放经济增长潜力和空间。

三、经济结构调整的基本趋势

世界银行用人均GNI（国民总收入）把世界上所有国家分为四类，即低收入国家、下中等收入国家、上中等收入国家和高收入国家。2024年7月初，世界银行公布了2023年的分类标准，高收入国家起点确定人均GNI为14 005美元，比上一年增加了160美元。同时，世界银行用3年平均汇率测算我国2023年人均GNI为13 400美元。因此，2023年我国人均GNI与世界银行确定的高收入国家起点之间仅相差605美元。综合考虑我国经济增长、人民币兑美元汇率，以及世界银行分类标准逐年提高，未来两年，我国人均GNI将翻越高收入门槛，进入高收入国家行列。

与已经进入高收入行列的国家相比，我国在供给结构、需求结构等方面都存在明显差距。差距就是经济发展的潜力和空间，就是中国式现代化新征程上经济增长的新动能，也是未来经济结构调整的基本方向。

从供给结构来看，我国服务业增加值占GDP比重明显偏低。2023年，我国服务业增加值占GDP比重仅为54.6%，高收入国家平均达到69.1%，我国比高收入国家平均水平低14.5个百分点。我国人口众多，中等收入群体规模全球最大，现阶段居民消费从以实物商品为主更多转向服务消费。在消费结构升级过程中，服务消费已成为居民消费增长的主要动力。2013—2023年，居民人均服务消费年均增长8.7%，高于商品消费2.4个百分点，占人均消费的比重从39.7%提高到45.2%。这为下一阶段服务业加快发展和增加值占GDP比重不断提高奠定了坚实的需求基础。因此，从供给结构变化趋势看，我国服务业领域孕育着巨大的发展空间，到2035年基本实现社会主义现代化远景目标时，我国服务业增加值占GDP比重将接近高收入国家目前的平均水平，即70%。"十四五"规划明确提出未来服务业发展的战略重点：一是生产性服务业向专业化和价值链高端延伸；二是生活性服务业向高品质和多样化升级。按三次产业划分的就业人员构成中，2023年我国服务业就业人员占比仅为48.1%，比美国低31个百分点。在制造业出现智能化、数字化、机器换人、黑灯工厂等趋势的背景下，服务业可以创造出更多的就业岗位。因此，服务业加快发展将有效缓解目前的就业压力，为居民收入和消费增长提供有力支撑。

从需求结构来看，我国居民最终消费占GDP比重明显偏低。目前我国居民最终消费占GDP比重不足40%，高收入国家平均接近60%，比我国高出20个百分点。美国只有3.3亿人口，但一直是全球最大的消费市场。我国消费占比低，消费市场规模与美国相比存在明显差距，居民消费受多重因素影响。现代经济学创始人凯恩斯提出消费是收入的函数，消费是由收入决定的；货币学派创始人弗里德曼认为，收入是流量，财富是存量，消费取决于存量财富；预期学派认为消费取决于对未来的预期。当前促进消费稳定增长需要从收入、财富、预期等多方面入手，综合施策、久久为功。习近平总书记在主持 2023 年 1 月 31 日中共中央政治局第二次集体学习时指出，"使居民有稳定收入能消费、没有后顾之忧敢消费、消费环境优获得感强愿消费"。同时，党的二十大报告和二十届三中全会都强调了"两个提高、两个规范"的收入分配改革重点，即提高居民收入在国民收入分配中的比重，提高劳动报酬在初次分配中的比重；规范收入分配秩序，规范财富积累机制。消费需求稳定增长和国内市场规模不断扩大，从而建立起以国内大循环为主体的新发展格局，这将有效缓解外部环境变化对我国经济发展的影响和冲击。

2024 年 7 月 30 日，习近平总书记主持中共中央政治局会议，分析研究当前经济形势和经济工作。会议强调，一是要以提振消费为重点扩大国内需求。长期过度依赖投资扩张拉动经济增长，必然带来地方政府债务规模的不断积累、产能过剩和投资的边际收益递减等。二是经济政策的着力点要更多转向惠民生、促消费，要多渠道增加居民收入，增强中低收入群体的消费能力和意愿。在坚持以经济建设为中心的同时，高度重视社会领域的投资和建设，在消除居民未来生活中的不确定性和风险等方面，承担起政府应尽的责任，提高老百姓的获得感和幸福感。三是把服务消费作为消费扩容升级的重要抓手，支持文旅、养老、育幼、家政等消费。这些重大判断与供给结构、需求结构的国际比较得出的结论是高度一致的。

四、深化改革，理顺重大关系，防范化解风险

改革开放是党和人民事业大踏步赶上时代的重要法宝。二十届三中全会《决定》指出，"当前和今后一个时期是以中国式现代化全面推进强国建设、民族复兴伟业的关键时期"。面对纷繁复杂的国际国内形势，面对新一轮科技革命和产业变革，面对人民群众新期待，必须把改革摆在更加突出的位置，紧紧围绕推进中国式现代化进一步全面深化改革。

（一）高度重视社会领域的投资与建设

《决定》指出，"完善促进机会公平制度机制，畅通社会流动渠道"。当前，需要充分发挥各类社会组织的作用，增强社会自我净化、自我约束、自我管理的能力，形成积极向上、健康、包容的社会氛围，有效解决社会转型滞后于经济转型的问题，形成有效市场、有为政府与活力社会之间的良性互动。

社会性支出是指公共机构向家庭和个人提供的福利性经济援助，实质是政府向家庭和个人转移收入，或者减少其支出负担的支持政策，包括养老、失业待遇、失能待遇、遗属福利、医疗卫生、家庭福利、住房和其他社会政策等。2022年我国社会性支出占GDP比重约为11%，较经合组织成员国低10个百分点，较同一发展阶段低约4个百分点。如果政府在社会建设中没有承担起应尽的责任，那么未来生活中的不确定性和风险完全转嫁给家庭和个人承担，"有钱不敢花"的问题将难以得到解决。

（二）站在新的历史起点上认识政府与市场的关系

《决定》指出，"必须更好发挥市场机制作用，创造更加公平、更有活力的市场环境，实现资源配置效率最优化和效益最大化，既'放得活'又'管得住'，更好维护市场秩序、弥补市场失灵，畅通国民经济循环"。这就需要纠正政府越位、缺位、错位和干部乱作为、不作为、不敢为、不善为问题。

在追赶的早期阶段，我们与发达国家差距大，工业化、城镇化快速推进，对城市建设、基础设施等提出巨大需求，经济生活中大量确定性的任务需要完成。充分发挥政府集中力量办大事的优势，可以加快追赶进程，缩短追赶时间，实现挤压式经济发展。当越来越多的行业达到技术前沿以及消费需求日益多样化时，面对不确定性，决策过多依靠政府容易犯方向性错误。管住政府这只"有形的手"，更好发挥市场机制的作用，从集中决策转向分散决策，让企业在不断试错的过程中找到正确的方向。

（三）实现更高效率、更加公平的发展

改革开放之前，我国实现的是平均主义、"大锅饭"的分配制度，是世界上居民收入、财富差距最小的国家之一。改革开放之后，我国居民收入、财富差距不断扩大，2022年居民收入基尼系数达到0.467，高于经合组织公布的平均0.321的水平，成为收入差距最大的国家之一。事实证明，只强调公平而完全忽视效率，或者只强调效率而完全忽视公平的做法，都是极端错误的。

从中国式现代化分两步走的战略安排来看：第一个阶段，2035

年基本实现社会主义现代化,全体人民共同富裕迈出坚实步伐;第二个阶段,21世纪中叶,建成社会主义现代化强国,全体人民共同富裕基本实现。在中国式现代化的新征程上,一方面需要以更高效率不断提升综合国力和国际竞争力;另一方面需要更加公平,不断缩小收入与财富差距,促进社会公平正义。

(四)妥善化解地方政府债务风险

《决定》对化解地方政府债务风险主要提出了三方面的重大改革举措。我认为可以概括为:一是建立地方政府新的稳定收入来源,逐步摆脱对土地财政的过度依赖,比如推进消费税征收环节后移并稳步下划地方,优化共享税分享比例,地方附加税授权地方在一定幅度内确定具体适用税率;二是规范地方政府行为,比如健全专家参与公共决策制度,解决干部乱作为、不作为、不敢为、不善为问题;三是减少政府支出,比如适当加强中央事权,提高中央财政支出比例,稳妥推进人口小县机构优化。

同时,《决定》强调"规范地方招商引资法规制度,严禁违法违规给予政策优惠行为"。地方政府"内卷"式招商引资,既破坏公平竞争秩序和统一大市场建设,也导致产能过剩和地方政府财力紧张。严守招商引资底线红线,不得违规实施财政和税收优惠,不得违规实施用地优惠,不得突破资源环境制度和政策规定,不得违规举债招商引资。

（五）促进房地产市场向新模式平稳过渡

当前，房地产市场供求关系发生重大变化，传统的"高杠杆、高负债、高周转"发展模式难以为继，住房总需求中刚性需求放缓、改善性需求上升。同时也要看到，2023年我国常住人口城镇化率仅为66.2%，户籍人口城镇化率为48.3%，农村人口向城镇转移仍有很大空间；在存量住房中，房龄在20年以上的占比28%，没有电梯的占比41%，"幸福通勤"（通勤距离在5公里以内）占比呈下降趋势；城镇老旧小区改造提升居住品质的需求量大面广，房地产需求仍有巨大的潜力和空间。

《决定》指出，"加快建立租购并举的住房制度，加快构建房地产发展新模式。加大保障性住房建设和供给，满足工薪群体刚性住房需求。支持城乡居民多样化改善性住房需求。充分赋予各城市政府房地产市场调控自主权，因城施策，允许有关城市取消或调减住房限购政策、取消普通住宅和非普通住宅标准。改革房地产开发融资方式和商品房预售制度。完善房地产税收制度"。

五、我国经济发展具有四大显著优势

在看到经济发展面临困难和挑战的同时，也要看到我国经济基础稳、优势多、韧性强、潜能大，长期向好的支撑条件和基本趋势没有变。经过改革开放40多年的不断积累，我国经济发展具有以下四个方面的显著优势。

一是社会主义市场经济的体制优势。我国基本经济制度的突出特点是社会主义制度与市场经济的有机结合,可以有效化解资本主义市场经济条件下难以克服的固有矛盾。

二是超大规模市场的需求优势。当前我国市场规模与美国相比有一定差距,但随着经济稳定发展、居民收入水平提高和消费结构升级,我国一定会成为全球最大的消费市场。加快构建以国内大循环为主体的新发展格局,可以有效对冲外部环境变化对我国的影响和冲击。

三是产业体系配套完整的供给优势。我国是全世界唯一拥有联合国产业分类中全部工业门类的国家,既可以快速响应需求侧的结构升级,也可以把创新成果便捷地转化为生产能力。

四是勤劳智慧的广大劳动者和企业家等人力优势。随着劳动力素质持续提升,在人口数量红利趋于下降的同时,人口质量红利正在加速积累和逐步显现。

"十五五"期间,只要守正创新办好自己的事,不断培育经济增长新动能、新优势,因地制宜大力发展新质生产力,持续推动高质量发展,就能在激烈的国际竞争和大国博弈中始终立于不败之地。

附录 1

中国经济 50 人论坛简介

中国经济 50 人论坛,是由我国经济学界部分有识之士于 1998 年 6 月在北京共同发起组成的、独立的学术群体。论坛聚集了具有国内一流水准、享有较高的社会声誉并且致力于中国经济问题研究的一批著名经济学家。

论坛以公益性、纯学术性为原则,组织年会、长安讲坛、内部研讨会、各地经济理论研讨会、国际学术交流等研究活动,深入探讨中国宏观经济改革等重大课题。论坛学术讨论秉承三个基本因素:一是有超前性学术研究的需要,二是有讲真话的学术作风,三是有相互尊重的学术氛围。论坛宗旨是把各个领域有着深入理论研究的专家,对中国经济问题及政策建议的研究成果集合起来,希望用他们研究的思想精华推动深化结构性改革,促进中国经济转型和持续稳定增长。

论坛依据章程,实行定期换届选举,确保论坛组织和成员的更新与活力。

论坛学术委员会是论坛的最高领导机构,负责论坛活动的规划与指导。

第四届论坛学术委员会成员:白重恩、蔡昉、樊纲、江小涓、隆国强、杨伟民、易纲。

论坛学术委员会荣誉成员:吴敬琏、刘鹤。

论坛秘书长:徐剑。

附录 2

中国经济 50 人论坛成员名录

（第四届）

论坛学术委员会荣誉成员：

吴敬琏　　刘　鹤

论坛学术委员会成员：

白重恩　　蔡　昉　　樊　纲　　江小涓　　隆国强
杨伟民　　易　纲

论坛成员（以姓名汉语拼音为序）：

白重恩　　中华全国工商业联合会第十三届执行委员会副主席，
　　　　　清华大学文科资深教授、经济管理学院院长
蔡　昉　　中国社会科学院国家高端智库首席专家、学部委员、研究员
曹远征　　中国银行原首席经济学家，教授、研究员
陈东琪　　中国宏观经济研究院研究员
陈锡文　　中央农村工作领导小组原副组长兼办公室主任，教授
樊　纲　　中国经济体制改革研究会副会长，国民经济研究所所长，
　　　　　中国（深圳）综合开发研究院院长，教授、研究员
方星海　　中国证券监督管理委员会原副主席

郭树清	十四届全国人大常委会委员、财政经济委员会副主任委员，
	中国人民银行原党委书记、副行长，
	中国银行保险监督管理委员会原党委书记、主席，研究员
韩　俊	农业农村部部长，研究员
韩文秀	中央财经委员会办公室分管日常工作的副主任，
	中央农村工作领导小组办公室主任
黄益平	北京大学国家发展研究院院长、教授
江小涓	国务院原副秘书长，
	孙冶方经济科学奖评奖委员会主任，
	中国社会科学院大学教授
李剑阁	孙冶方经济科学基金会理事长，研究员
李　扬	国家金融与发展实验室理事长，
	中国社会科学院学部委员、研究员
廖　岷	财政部副部长
林毅夫	第十四届全国政协常委、经济委员会副主任，
	北京大学国家发展研究院名誉院长、教授
刘尚希	中国财政科学研究院原院长、研究员
刘世锦	国务院发展研究中心原副主任、研究员
刘　伟	中国人民大学原校长、教授
刘元春	上海财经大学校长、教授
隆国强	国务院发展研究中心副主任、研究员
楼继伟	财政部原部长，研究员
陆　磊	中国人民银行副行长，研究员
马建堂	第十四届全国政协常委、经济委员会副主任，
	国务院发展研究中心原党组书记
钱颖一	清华大学文科资深教授、经济管理学院教授

宋晓梧	北京师范大学中国收入分配研究院院长，研究员
汤　敏	友成企业家扶贫基金会副理事长
汪同三	中国社会科学院学部委员、研究员
王　建	中国宏观经济学会原副会长、研究员
王一鸣	中国国际经济交流中心副理事长，研究员
魏　杰	清华大学文化经济研究院院长、教授
吴晓灵	清华大学五道口金融学院理事长，研究员
夏　斌	当代经济学基金会理事长，中国首席经济学家论坛主席，研究员
肖　捷	十四届全国人大常委会副委员长
谢伏瞻	中国社会科学院原院长、学部委员、研究员
许善达	国家税务总局原副局长，高级经济师
徐　忠	中国银行间市场交易商协会副秘书长，研究员
杨伟民	原中央财经领导小组办公室副主任
姚　洋	北京大学国家发展研究院教授
易　纲	第十四届全国政协常委、经济委员会副主任，中国金融学会理事会会长，中国人民银行原行长
余　斌	国务院发展研究中心原副主任、研究员
余永定	中国社会科学院学部委员、研究员
张维迎	北京大学国家发展研究院教授
张晓晶	中国社会科学院金融研究所所长、研究员
张晓朴	中央财经委员会办公室主任，研究员
周其仁	北京大学国家发展研究院教授
周小川	博鳌亚洲论坛副理事长，教授、研究员

附录 3

中国经济 50 人论坛企业家理事会成员名录

召 集 人：段永基　　郁　亮

理事会成员（以姓名汉语拼音为序）：

陈奕伦	泰康资产管理有限责任公司董事、常务副总经理
邓召明	鹏华基金管理有限公司总裁
丁建勇	上海东昌企业集团有限公司董事长
段永基	四通集团公司董事长
桂松蕾	中新融创资本管理有限公司董事长
刘晓艳	易方达基金管理有限公司董事长（联席）兼总裁
刘志硕	大河创投创始合伙人
李振华	蚂蚁集团研究院院长
宁　旻	联想控股股份有限公司董事长
潘　刚	内蒙古伊利实业集团股份有限公司董事长兼总裁
潘仲光	上海潘氏投资有限公司董事长
彭文生	中国国际金融股份有限公司首席经济学家
彭志强	盛景网联科技股份有限公司董事长

汤道生	腾讯科技（北京）有限公司高级执行副总裁
唐毅亭	北京乐瑞资产管理有限公司董事长
田晓安	北京字节跳动科技有限公司副总裁
王小兰	时代集团公司总裁
杨宇东	第一财经总编辑
杨远熙	快手科技联合创始人
郁　亮	万科企业股份有限公司董事、执行副总裁
张　鹏	北京星鹏联海私募基金管理有限公司董事长
张　毅	金杜律师事务所高级合伙人
张志洲	敦和资产管理有限公司首席执行官
赵　民	北京正略钧策管理顾问有限公司董事长
周远志	新意资本基金管理（深圳）有限公司总裁
朱德贞	厦门德屹股权投资管理有限公司董事长